ÉDUQUER facilement mon CHIEN

pour une relation épanouie

Avertissement
L'auteur et l'éditeur ne pourront pas être tenus pour responsables des éventuels dommages subis par tout individu ou animal à la suite de la mise en application des conseils et recommandations proposés dans ce livre.

Note de l'auteur

Les techniques de dressage fondées sur le principe du renforcement positif (comportement correct-récompense immédiate) décrites dans cet ouvrage conviennent à tous les chiens mais, par souci de concision, les chiens qui participent au programme d'exercices proposés sont des mâles ; cela ne signifie en aucun cas que ce dernier n'est pas adapté aux femelles.

Ouvrage publié pour la première fois en langue anglaise par Interpet Publishing, Vincent Lane, Dorking, Surrey RH4 3YX, Angleterre, sous le titre *Instant Dog Training*.

Pour l'édition française
Traduction et adaptation : Marie-Line Hillairet

ISBN : 978-2-8160-1285-9
Numéro d'éditeur : 8160
Dépôt légal : mars 2018

Achevé d'imprimer : février 2018
Imprimé en Pologne par Edica

ÉDUQUER facilement mon CHIEN

pour une relation épanouie

Claire Arrowsmith

Artémis Éditions

SOMMAIRE

Introduction 8-13

1 Comprendre votre chien 14-23

Ce chapitre vous explique comment interpréter le langage corporel d'un chien afin d'améliorer la communication avec ce dernier au cours des séances éducatives.

2 Les préparatifs 24-35

Une bonne préparation est indispensable pour réussir l'éducation de votre animal. Ce chapitre vous présente les bases du dressage fondé sur le principe du renforcement positif (synchronisme, cohérence et récompense immédiate) ainsi que l'usage du clicker.

3 La socialisation du chiot 36-39

Profitez des premières semaines de vie du chiot pour commencer à le socialiser, en lui proposant de courts exercices éducatifs.

4 Les commandes élémentaires 40-49

Un chien doit obéir à son maître et, par conséquent, le comprendre. C'est pourquoi, en matière de dressage, priorité doit être donnée à l'apprentissage des commandes élémentaires : « Assis », « Couché », « Debout », « Viens ici » et « Reste ici ».

5 Bonjour, c'est l'heure du dressage ! 50-55

Le dressage fondé sur le principe du renforcement positif peut commencer dès le réveil ! Tout d'abord, éduquez votre chiot ou votre chien adulte à la propreté en l'emmenant faire ses besoins dehors. Ensuite, préparez son repas en lui apprenant à rester tranquillement assis jusqu'à ce que sa gamelle soit remplie. Pour finir, trouvez-lui une occupation pendant la période de rush du tout début de matinée.

6 La promenade 56-69

Vous passerez d'excellents moments à vous balader en compagnie de votre chien. Il devra néanmoins respecter certaines règles fondamentales : porter un collier et une laisse, marcher au pied, garder son calme à l'approche d'autres personnes ou animaux, obéir au rappel, monter et descendre de voiture sans difficulté.

7 Seul à la maison 70-73

Ce chapitre vous aidera à préparer au mieux le moment de la séparation pour que votre chien se sente à l'aise dans son environnement, en attendant votre retour.

8 À l'heure du jeu 74-83

Jouer avec son chien est un réel plaisir. Pour profiter au maximum des heures récréatives, il convient d'établir quelques règles. Ce chapitre propose une sélection d'exercices ludiques, et, pour certains d'entre eux, vous pourrez rester confortablement installé dans votre fauteuil !

9 Les bonnes habitudes à enseigner au quotidien... 84-87

Un chien ne fait pas toujours ce qu'on lui demande : il mordille vos pantoufles et les jouets des enfants, aboie après les voisins ou s'attaque à l'aspirateur. Grâce à des exercices de dressage quotidiens, votre chien apprendra les bonnes habitudes et abandonnera les mauvaises.

10 Voilà de la visite ! 88-89

Aucun visiteur n'apprécie d'entendre un chien aboyer derrière la porte dès que la sonnerie retentit, ni de se faire sauter dessus en pénétrant dans la maison. Voici quelques astuces simples pour enseigner les bonnes manières à votre animal.

11 À l'heure des repas 90-91

Un chien se montre parfois agressif s'il voit quelqu'un s'approcher de sa gamelle. Le dressage fondé sur le principe du renforcement positif vous permettra de résoudre ce problème, en lui apprenant à bien se tenir pendant que vous êtes à table.

12 En fin de journée 92-93

En fin de journée le soir après dîner, les opportunités ne manquent pas de faire quelques exercices de dressage fondés sur le principe du renforcement positif.

AVANT-PROPOS

Les techniques d'apprentissage présentées ci-après sont le fruit de plus de dix ans de pratique en tant que comportementaliste canin et répondent aux questions qui me sont le plus couramment posées. Ce livre traitant du **dressage fondé sur le principe du renforcement positif** ne transformera pas immédiatement votre chien en un animal bien élevé, parfaitement éduqué. De même qu'il vous a fallu du temps pour apprendre à lire et à acquérir un certain niveau de compétences, votre chien aura besoin de temps et d'expérience pour apprendre à bien se comporter.

Néanmoins, cet ouvrage vous permettra d'approfondir vos connaissances en matière d'éducation canine et de comprendre pourquoi il faut :

- Répondre **immédiatement** à votre chien.
- Récompenser **immédiatement** un comportement satisfaisant.
- Profiter **immédiatement** des moments de temps libre volés au quotidien pour effectuer des exercices de dressage courts mais enrichissants qui motiveront votre chien et l'aideront à prendre confiance en lui.

INTRODUCTION

Même si les éducateurs et comportementalistes canins sont souvent sollicités à la dernière minute pour rééduquer d'un coup de baguette magique des chiens mal élevés, il faut savoir que rien ne remplace le temps et la patience pour dresser un animal de façon réellement satisfaisante.

Bien des gens sont surpris d'apprendre qu'un chien demande énormément d'attention alors qu'ils pensaient jusqu'à présent qu'un chiot arrivait dans une maison, faisait quelques bêtises de chiot (mais pas trop) puis s'installait sagement dans son panier comme dans les vieux films muets. Le dressage des chiots et des chiens est encore souvent considéré comme une activité réservée aux propriétaires de chiens de race ou de chiens d'exposition. C'est absolument faux ; toute personne possédant un chien doit impérativement franchir cette étape pour avoir un animal heureux et équilibré.

Quel que soit votre niveau d'expérience, sachez que chaque animal a un caractère et des besoins qui lui sont propres ; par conséquent, ne soyez pas étonné de mettre un certain temps à repérer ses forces et ses faiblesses. Combien de propriétaires expérimentés se trouvent décontenancés lorsque leur nouvelle recrue pose problème. En éduquant votre chien, en l'encourageant à avoir un comportement adapté à chaque situation, vous vous simplifierez la vie et rendrez celle de vos voisins plus agréable. Posséder un chien signifie également chercher à le connaître, à le comprendre et l'inciter à se comporter le mieux possible pour savoir vraiment ce qu'il peut vous offrir.

Le dressage est un passage obligé pour toute personne qui décide un jour de posséder un chien et de l'intégrer à la vie de la maison.

1

(1) Les chiens bien éduqués font le plaisir de leur maître et enrichissent leur quotidien.

(2) « Assis ». Il n'est jamais trop tôt pour commencer à dresser un chiot. Sachez toutefois que les jeunes chiens se fatiguent vite, prévoyez des séances très courtes.

2

1

Autant il est facile d'acheter un chien, autant **cet achat peut s'avérer lourd de conséquences.** En effet, cet animal a une personnalité, un caractère, des instincts, des besoins physiques et émotionnels qui changent selon les périodes de sa vie ; il peut également être insupportable et causer d'importants dégâts dans certains circonstances. Malheureusement, cela arrive et bien des propriétaires attentionnés et aimants sollicitent l'aide d'un comportementaliste canin, se voient dans l'obligation d'abandonner leur animal ou, dans les cas les plus extrêmes, d'avoir recours à l'euthanasie. Souvent, ces chiens ont été involontairement conduits à l'échec. De mauvaises conditions de reproduction et d'élevage, une socialisation tardive, un dressage incohérent et une trop grande exigence de la part des maîtres sont les causes de ce genre de problèmes. Par exemple, l'homme (comme le chimpanzé) exprime son amour et son affection en étreignant ou en embrassant son bébé, les membres de sa famille et tous les gens qu'il aime. Le chien, qui n'agit jamais ainsi, peut interpréter ce comportement comme une menace potentielle. Certains maîtres vont naturellement consoler leur chien et le caresser lorsqu'il se montre inquiet. L'animal ne comprend pas cette démonstration d'affection susceptible de le rendre encore plus craintif.

(1) Les chiens n'ont pas l'habitude de s'étreindre pour manifester leur affection ; c'est pourquoi certains animaux risquent de s'inquiéter d'un tel comportement.

(2) Il est conseillé de suivre quelques cours de dressage lorsque vous prenez un nouvel animal, même si vous êtes expérimenté et avez déjà eu plusieurs chiens. En effet, parce qu'il a des spécificités qui lui sont propres, chaque chien nécessite un dressage approprié.

(3) Voici un tableau idyllique : la mère, le père, la petite fille et le chien sage et obéissant en balade dans la nature. Un tel résultat ne s'obtient pas en un jour ; un chien doit être bien éduqué pour s'intégrer dans une maison.

2

3

Le cerveau de votre chien

Un chien n'a pas besoin d'avoir le même cerveau que vous pour vivre sa vie. Il n'a surtout pas besoin d'anticiper ou de revenir sur son passé pour survivre. À mesure qu'il grandit, il fait des associations qui influencent son comportement lorsqu'il se trouve dans une situation ou un environnement identique.

Bien sûr, votre chien se rappelle certaines choses. Inutile de lui apprendre son nom tous les jours ; s'il est bien dressé, il continuera à réagir à des signaux spécifiques tout au long de sa vie. Une combinaison d'informations recueillies par ses divers sens va créer dans son cerveau des associations qui formeront à leur tour des « souvenirs ». Lorsqu'il recevra de nouveau ces signaux familiers, une association négative ou positive se déclenchera dans sa mémoire.

Certains maîtres pensent que leur chien n'est pas intelligent parce que son dressage prend du temps. Cela est dû à un certain nombre de facteurs, dont sans doute un manque de cohérence de leur part. Sachez également que les actions que vous tentez de faire accomplir à votre animal ne sont pas celles qu'il aurait accomplies naturellement. Par exemple, se mettre en position « Assis », avant de traverser une rue ou de saluer une autre personne, n'est pas un comportement naturel pour un chien. Il s'obtient en créant une association entre cette action dans ces circonstances et une récompense.

Comme nous, les chiens se souviennent plus aisément des événements importants que de ceux

1

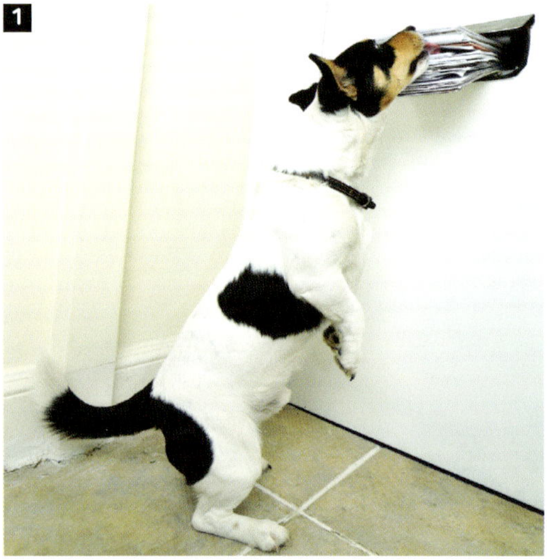

3

2

(1) Les chiens ont des souvenirs : ils reconnaissent le pas du facteur et se rappellent que cela signifie que du courrier va être glissé dans la boîte aux lettres.

(2) Le cerveau du chien ne fonctionne pas exactement comme celui de l'homme. Pour réussir le dressage de votre animal, il faut connaître sa façon de penser et d'agir.

(3) Un chien ne s'assied pas lorsqu'il rencontre un autre chien. Si vous voulez qu'il prenne l'habitude de se mettre en position « Assis », vous l'entraînerez en utilisant des friandises.

(4) Ces deux chiens vont rester debout pour se saluer en se reniflant.

4

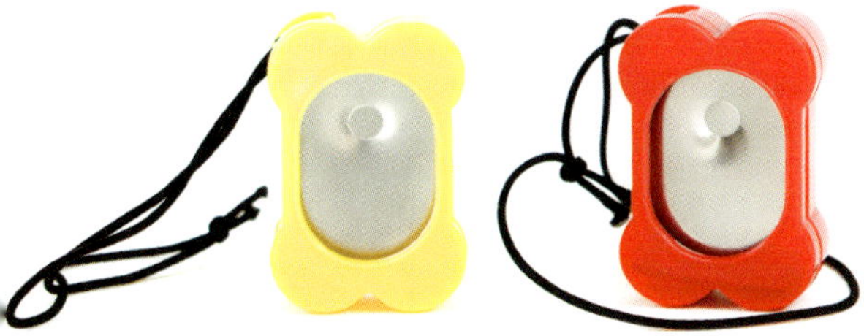

Dans ce livre, l'accent est périodiquement mis sur les avantages de la technique de dressage au clicker, qui permet d'approuver un comportement satisfaisant en produisant un « clic » sonore par une simple pression du bouton.

qui le sont moins. Par instinct, ils se protègent en se rappelant uniquement les événements extrêmement agréables ou désagréables. Par conséquent, le fait que votre chien ne réagisse pas immédiatement à une commande n'est pas le signe d'un manque d'intelligence ou d'une mauvaise mémoire ; il a simplement besoin de plusieurs répétitions ou d'une récompense plus motivante pour que la commande se distingue du reste et qu'il s'en rappelle la fois suivante.

Un bon synchronisme est essentiel Vous aurez recours à la répétition pour que votre chien fasse les associations qui lui permettent de changer ses réponses. L'accomplissement d'une bonne action ou l'adoption d'un comportement correct doit **immédiatement** entraîner une récompense pour que le chien associe l'action spécifique à la récompense et la réitère volontiers. Pour vous aider à trouver le moment idoine où prodiguer cet encouragement, j'utiliserai et vous présenterai la technique de dressage au clicker. En associant la récompense au son du clicker, vous signifierez à votre chien que l'action qu'il vient d'accomplir à ce moment précis était la bonne. En créant cette association, il va pouvoir ignorer les autres réponses possibles et commencer à adopter le bon comportement chaque fois qu'il en a l'occasion. Par exemple, lorsque vous apprenez à votre chien à ne pas sauter sur les personnes qu'il ne connaît pas, il est probable qu'il essaie de sauter même si vous avez déjà commencé l'apprentissage de la commande **« Assis ».** Avec le temps, s'il reçoit une récompense chaque fois qu'il s'assied et s'il ne peut pas commettre d'erreur (grâce à l'usage d'une longe d'intérieur) ou s'il ne reçoit pas de récompense lorsqu'il saute (si la personne l'ignore en lui tournant le dos), il finira par comprendre que, dans ces circonstances, la meilleure solution est de s'asseoir. Une fois qu'il aura créé cette association, il devrait normalement s'asseoir chaque fois que quelqu'un s'approche pour le saluer.

Récompensez à bon escient Le dressage peut être lent ou inefficace si vous ne récompensez pas votre chien au moment où il accomplit l'action demandée. Comme il essaie de créer des associations (sans utiliser la logique humaine), il aura de la difficulté à répondre positivement au dressage si la récompense tarde à venir. Si vous n'êtes pas concentré et attendez trop longtemps, il risque d'avoir bougé ou de s'intéresser à autre chose. Une récompense tardive aura certainement déclenché cette réaction. Essayez d'observer votre chien pour bien le comprendre et entraînez-vous à cliquer dès qu'il fait quelque chose que vous appréciez. Comme c'est un animal intelligent, il commencera à adapter son comportement pour recevoir plus de compliments et être mieux récompensé.

Ce programme de dressage fondé sur le principe de la **récompense immédiate** nécessite d'être patient, cohérent et d'instaurer une relation de confiance. Vous serez surpris de voir à quelle vitesse votre chien apprend de nouvelles tâches. Certains chiens montrent une remarquable capacité à apprendre les commandes et à s'en rappeler : ils sont capables de répondre à plus de mille mots différents. Même si votre chien n'est pas un tel génie, il apprendra aisément à obéir à de nombreuses commandes.

La friandise dans la main droite, le clicker dans la gauche, vous allez apprendre à « cliquer-récompenser » dès que votre chien obéit à la commande « Assis ».

Le goût du challenge

À l'inverse d'une voiture, d'un ordinateur ou d'un téléphone mobile, vous ne pourrez pas renvoyer votre chien au service après-vente ou le remplacer par un modèle plus performant si quelque chose ne fonctionne pas correctement. Abandonner un chien dans un refuge est une solution couramment adoptée lorsque les problèmes s'accumulent mais ces institutions, souvent bondées, accueillent avec réticence les animaux à problèmes. Par conséquent, il est important d'encourager votre chien à adopter des comportements corrects.

Ce livre n'a pas la prétention de se substituer à des cours de dressage ou à l'assistance d'un comportementaliste canin. Il a pour objectif de vous montrer comment inclure de petites doses de dressage dans votre routine quotidienne. À l'évidence, cela vous demandera du temps, surtout si vous débutez un nouvel exercice, mais vous vous apercevrez très vite que ces moments d'interaction régulière avec votre chien présentent de nombreux avantages et favorisent l'acquisition de bonnes habitudes chez l'animal comme chez le maître.

Il est aisé de déclarer qu'un chien est « insupportable » ou « fauteur de troubles » lorsque la plupart des maîtres ont, eux aussi, de mauvaises habitudes. En cherchant à mieux comprendre votre animal, vous éviterez les écueils les plus courants et obtiendrez des résultats insoupçonnés. Avoir un chien est synonyme de lourde responsabilité, mais aussi de grand plaisir ; c'est pourquoi l'expérience vaut la peine d'être tentée.

(1) « Un peu et souvent », telle devrait être votre devise. Le programme éducatif proposé dans cet ouvrage suggère de réserver des moments de la journée à la pratique de courts exercices de dressage. Basée sur la répétition, cette méthode se révèle rapidement profitable.

(2) C'est une triste réalité, mais beaucoup de chiens sont encore abandonnés par des maîtres incapables de s'occuper d'eux correctement. Un maître responsable doit comprendre que posséder un chien est un engagement de tous les instants.

(3) Un chien occasionne toujours quelques désagréments comme la fouille systématique des poubelles. Toutefois, le dressage est un moyen efficace de façonner son comportement.

1

2

3

Bonne nouvelle !

Maintenant que l'importance du dressage a été soulignée, concentrons-nous sur la meilleure manière de le mener à bien.

De quoi s'agit-il exactement ? Pour beaucoup, le terme « dressage » évoque un groupe de personnes frigorifiées dans un champ battu par les vents qui s'évertuent pendant des heures à répéter inlassablement « Fido assis », « Fido, couché »... Heureusement pour les chiens et leurs maîtres, le dressage est une activité plus amusante ! Dresser ou éduquer son chien ne veut pas dire le menacer pour qu'il obtempère.

Un chien bien dressé est un animal qui a appris à se comporter ou à réagir comme nous le souhaitons. Alors, par où faut-il commencer ? Nous sommes tous très occupés et beaucoup de propriétaires de chiens, en outre très dévoués, n'ont guère de temps à consacrer, le soir ou le week-end, à un cours hebdomadaire. Ces séances encadrées par des professionnels s'avèrent très utiles pour vous guider dans les divers apprentissages, renforcer votre motivation au fil des semaines et discuter de vos difficultés éventuelles, mais ne sont en aucun cas indispensables pour dresser correctement un chien.

Dans ce livre, **vous apprendrez à éduquer votre chien au fil de vos activités quotidiennes, quelle que soit la teneur de votre emploi du temps.** Le dressage n'est et ne doit pas être une corvée à laquelle vous tentez d'échapper coûte que coûte. En ménageant, dans le programme de votre journée, plusieurs brefs moments consacrés à l'apprentissage, vous obtiendrez un meilleur comportement et des réponses plus satisfaisantes de la part de votre animal. Loin de moi l'idée de vous inciter à passer moins de temps avec votre chien. Cet animal appartient à une espèce sociale qui a évolué pour interagir avec l'homme. Il mérite de s'amuser avec sa meute (c'est-à-dire vous et votre famille) et vous devez vous assurer qu'il le fait régulièrement. Si vous augmentez son temps de loisir et son temps d'apprentissage, son comportement va sensiblement s'améliorer, ce qui lui permettra de participer activement à la vie de la maisonnée. Résultat ? Un chien et un maître heureux. Alors, ne perdons pas de temps, mettons-nous au travail !

1

(1) Il est toujours intéressant d'assister à des cours de dressage avec votre chien mais, si vous n'avez pas le temps, sachez que, avec la méthode de dressage fondée sur le principe de la récompense immédiate, les séances éducatives peuvent se dérouler à la maison.

(2) Profitez du moment où vous regardez la télévision pour caser un court exercice de « Va chercher ». Le dressage fondé sur le principe du renforcement positif se pratique à tout moment du quotidien, dès qu'une occasion se présente.

(3) Le dressage est une belle aventure que le maître et le chien vivent ensemble.

2

3

Comprendre VOTRE CHIEN

Pour éduquer votre chien, il est indispensable de pouvoir communiquer avec lui. En apprenant à reconnaître les signaux qu'il émet, vous saurez à tout moment comment il va. Le chien fréquente l'homme depuis si longtemps qu'il s'est adapté pour répondre à bon nombre de nos gestes et peut même décoder certaines expressions de notre visage. Animal de meute habitué à vivre en groupe, il a développé diverses manières d'apaiser ses congénères et sait comment empêcher les tensions de dégénérer en agressions génératrices de blessures.

Tous les maîtres doivent être en mesure de décrypter le comportement de leur chien car la moindre erreur peut être lourde de conséquences. Si vous ne vous apercevez pas que votre chien est stressé, vous risquez de l'apeurer encore plus ou d'encourager involontairement un comportement désagréable et d'aggraver la situation. Il importe également de ne pas tomber dans l'interprétation anthropomorphique (en lui prêtant des sentiments humains), car son comportement présente des différences significatives avec celui de l'homme.

Il est vivement recommandé aux futurs maîtres d'avoir des informations sur leur animal avant son arrivée. Bien que ce livre n'ait pas vocation à vous enseigner les arcanes de la communication canine et ne vous considère pas comme un spécialiste des chiens, comprendre certains signaux émis par votre chien se révélera une aide précieuse au quotidien.

1

(1) De petits coups de langue sur la truffe à l'approche d'un autre chien peuvent être interprétés comme une attitude pacifique montrant que ce chien n'a pas d'intention agressive et souhaite éviter la confrontation.

(2) Pour vivre en relative harmonie avec les autres membres d'une meute, chaque chien doit connaître la gamme complexe des signaux destinés à apaiser son prochain et garantir la cohésion du groupe.

2

Observez votre chien

Observez votre chien pour essayer de comprendre ce qu'il demande, que ce soit pour établir le contact avec lui ou, à l'inverse, pour vous en éloigner.

Les signaux et les actions qui constituent le langage corporel peuvent être comparés aux lettres et aux sons de l'alphabet. Il faut savoir les reconnaître isolément et les assembler pour leur donner du sens et interpréter correctement les intentions de l'animal.

Selon la race, l'identification et l'interprétation des signaux seront plus ou moins aisées. Grâce à la reproduction sélective, nous avons façonné le corps des chiens en des formes et des tailles tellement diverses que nous avons modifié leur capacité naturelle à s'exprimer. Sont inclus dans le lot les chiens à queue recourbée, à oreilles pendantes, à face plissée, à mâchoire puissante, à poils longs ou touffus, à museau aplati, à queue coupée ou sans queue du tout, ainsi que ces chiens noirs chez qui il est difficile de voir les yeux ou les expressions faciales. Leur langage demande plus de temps et de concentration pour être décodé (un peu comme des mots imprimés avec une police de caractères originale), mais, une fois les modèles de base identifiés, la compréhension est aisée. En tant que maître, vous êtes la personne la plus apte à repérer les changements subtils dans le comportement de votre chien.

(1) Pendant le dressage, la communication est à double sens ; le chien doit être capable de comprendre son maître et le maître son chien.

(2) Grâce à la reproduction sélective, nous avons créé une grande diversité de races, ce qui rend parfois plus ardue la compréhension du langage corporel d'un chien.

(3) Lorsque deux chiens se rencontrent, ils se jaugent mutuellement grâce aux signaux qu'ils envoient : postures, mimiques, mouvements, odeurs.

1

2

3

Les oreilles L'aspect des oreilles n'est pas le même selon la race. Lors-que votre chien vous écoute pendant une séance de dressage, il est normal que ses oreilles bougent. S'il se déconcentre, ses oreilles changent de direction. La position des oreilles exprime également les émotions. Si ses oreilles sont aplaties sur sa tête, il est apeuré ou soumis. Des oreilles droites, tournées vers l'avant indiquent une attitude confiante et attentive, typique d'un chien à l'écoute pendant les séances de dressage. Selon l'émotion ressentie, les oreilles de votre chien prendront une position plutôt qu'une autre.

Peureux

Changements naturels de la position des oreilles

Attentif et confiant

Sourire amical

Grimace agressive

Le museau et les dents Des malentendus subsistent à propos d'un chien qui montre les dents. Beaucoup, dont les enfants, pensent qu'il sourit. D'autres paniquent dès qu'ils voient la couleur d'une dent et pensent que leur chien a un problème de dominance extrême. Il faut évidemment s'inquiéter d'un chien qui montre ses dents mais ce comportement ne doit pas être interprété comme ouvertement agressif. Un chien qui a la gueule béante et laisse voir toutes ses dents peut exprimer aussi bien la peur que l'apaisement. Ses oreilles seront probablement aplaties vers l'arrière, son corps sera un peu ramassé et il se léchera les babines.

Certains chiens ont une mimique apaisante s'apparentant au sourire lorsqu'ils accueillent une personne de leur famille ou un étranger. En revanche, si votre chien a les babines retroussées et montre ses canines, son attitude est clairement agressive. Quoi qu'il en soit, soyez vigilant car il peut être stressé et réagir violemment.

La langue Avant de mordre, un chien rentre sa langue à l'intérieur de sa gueule pour la protéger de ses dents. Une langue pendante indique qu'il n'a aucune intention de mordre.

Le léchage de babines Le chien qui se lèche les babines sort sa langue et la passe sur son museau et sa truffe. Ce geste est synonyme d'apaisement mais, si la menace persiste, il précède des avertissements plus directs ou des attitudes de refus. C'est un signe de stress : le chien a besoin de se détendre avant tout exercice de dressage.

Blanc des yeux visible : craintif

Les yeux La forme des yeux change en fonction de la tension faciale. Des yeux écarquillés, qui laissent apparaître le blanc des globes oculaires, expriment souvent la peur. Un chien qui essaie de se calmer ou qui admet la présence d'un autre chien clignera des yeux ou les aura partiellement fermés ou plissés. Un regard dur peut indiquer le défi mais aussi la peur. Soyez observateur afin d'éviter tout malentendu.

Regard féroce

Les bâillements Bien qu'ils soient parfois associés à la fatigue, les bâillements signifient souvent que le chien cherche à calmer ou pacifier un congénère ou qu'il est stressé ou contrarié ; en tout état de cause, il n'est pas d'humeur à participer à un exercice de dressage.

1

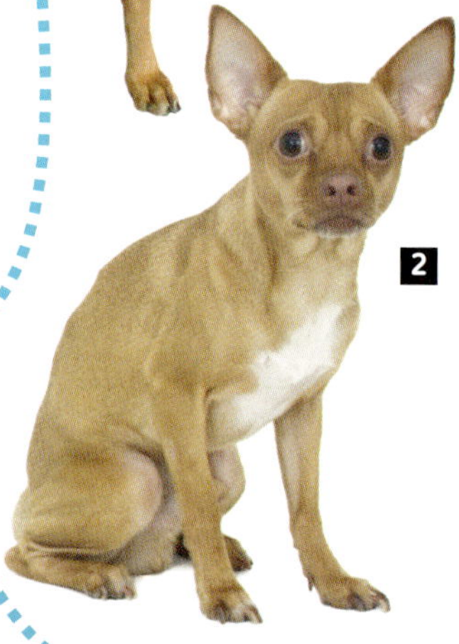

2

La posture recroquevillée Un chien inquiet et apeuré se tient près du sol et se fait le plus petit possible. Il peut montrer son ventre en signe d'apaisement et de non-menace. Il faut alors s'en approcher avec précaution ou plutôt lui laisser du temps et de l'espace pour qu'il reprenne confiance et décide de venir vers vous. Un chien prend des postures d'apaisement lorsque son maître est en colère. Cela se produit qu'il ait ou non réellement fait quelque chose pour déclencher cette colère. L'apaisement est une réponse à la réaction du maître ; ne prenez pas cette attitude comme une preuve de « culpabilité ».

3

Les aboiements Si les aboiements attirent plus l'attention que d'autres formes d'expression, ils sont aussi le moyen de communication le moins signifiant car, selon les circonstances, ils seront interprétés différemment. Essayez d'observer le langage corporel de votre chien pendant qu'il aboie pour mieux comprendre ce qu'il essaie de vous dire.

4

La posture droite En se tenant droit, un chien exprime la confiance. Cependant, certains chiens qui se sentent en danger se redressent pour essayer d'en imposer et, par conséquent, risquent d'effrayer un autre chien ou une personne. Leurs maîtres doivent repérer d'autres signaux physiques pour mieux comprendre la signification de cette posture.

Le positionnement Si votre chien choisit de s'éloigner de vous, d'une autre personne ou d'un autre chien, il exprime clairement son besoin d'espace. Il peut le faire discrètement en détournant simplement la tête ou, plus fermement, en marquant une distance. Ce n'est pas le bon moment pour un exercice de dressage.

(1) La queue ramenée entre les pattes et le corps ramassé sont des signes d'anxiété.

(2) Cette expression faciale et cette posture peuvent dénoter la culpabilité mais, en réalité, le chien est inquiet parce qu'il « lit » votre mécontentement.

(3) Un chien qui montre son ventre manifeste sa décontraction. Une gueule fermée et des oreilles aplaties expriment aussi la peur.

(4) Votre chien ne peut communiquer qu'en utilisant son éventail de signaux canins instinctifs. En tant que maître et éducateur, vous devez essayer d'interpréter et de répondre correctement à ses messages.

(5) Les poils hérissés et les grondements indiquent plus la peur qu'une attitude agressive.

Le hérissement des poils Un chien hérisse ses poils au niveau du cou et du bas du dos. On pense souvent que c'est un signe d'agressivité alors que l'animal se sent mal à l'aise et essaie d'en imposer pour éloigner ce qui l'effraie. S'il continue de se sentir menacé, il peut se montrer plus ouvertement agressif. Faites attention si votre chien hérisse ses poils lorsque vous êtes en promenade ou en séance de dressage à la marche au pied, car c'est pour lui le moyen de manifester son appréhension.

5

L'invitation au jeu Un chien qui a envie de jouer plaque ses pattes antérieures au sol, soulève son postérieur et frétille de la queue ; il peut rester statique ou sautiller avec frénésie. Un dresseur interprète cette attitude comme une invitation au jeu, même s'il s'agit en réalité d'une attitude de pacification.

La queue Un chien qui salue un autre chien ou une personne agite souvent la queue. En général, ce mouvement indique un caractère joueur et amical, mais il peut également signifier d'autres intentions. Essayez d'observer la position de la queue lorsqu'elle remue et la cadence du balancement. Une queue qui bat lentement et relativement à l'horizontale indique un salut amical. Une queue qui bat en position plus basse peut signifier une tentative de pacification à l'approche d'une personne ou d'un autre chien tandis qu'une queue dressée indique un chien sûr de lui et confiant.

Si votre chien a la queue ramenée entre les pattes, surveillez ses mouvements. Il peut bouger tout son postérieur par exemple. Certaines races, en particulier les terriers, tiennent naturellement leur queue dressée, une position qui peut être mal comprise aussi bien par d'autres chiens que par l'homme.

Favoriser une bonne compréhension

La manière dont vous vous comportez autour de votre chien aura un grand impact sur son attitude. Bien sûr, nos comportements instinctifs sont souvent en contradiction avec la manière dont les chiens communiquent et nous devons faire très attention pour éviter les problèmes. Malheureusement, nos erreurs, en particulier celles des enfants, qui ne savent pas comment se comporter avec les chiens, incitent ceux-ci à mordre. Et souvent, les chiens se font punir à cause d'un défaut de communication.

Quelles sont nos différences ?

Des chiens intelligents Les chiens vivent aux côtés des hommes depuis tellement longtemps qu'ils se sont adaptés pour pouvoir réagir aux expressions de notre visage et même à certains gestes, une fantastique capacité réservée au seul chien domestique. En effet, les chiens qui ont grandi au contact de l'homme ont appris à accepter nos façons d'agir et nos messages singuliers. Ils sont habitués à notre manière de les saluer en se penchant en avant et à notre volonté d'établir un contact visuel direct. Cependant, il ne faut jamais oublier que leur seuil de tolérance est plus faible lorsqu'ils sont malades ou inquiets.

1

L'étreinte L'homme montre son affection et son amour en étreignant les personnes qu'il aime (il porte son bébé dans ses bras). Naturellement, la gent canine ne se comporte pas ainsi et les chiens qui n'ont pas été habitués à être pris dans les bras en signe d'amitié posent parfois problème. En réalité, la plupart des chiens se sentent mal à l'aise lorsqu'ils sont manipulés de cette façon.

Les câlins Nous aimons embrasser les gens que nous aimons ou les toucher, une attitude qu'un chien peut percevoir comme menaçante. Ces animaux sont très vigilants lorsqu'ils s'approchent d'un congénère ou le regardent. Ils se retrouvent rarement tête contre tête ou les yeux dans les yeux à moins de vouloir relever un défi. Les petits enfants ont tendance à approcher un chien sans être vus, à poser leur tête contre la sienne et à l'enlacer. Ils ne comprennent pas son langage (détournement de la tête, léchage de babines ou bâillements) quand il lui signifie qu'il a besoin d'espace.

Lorsque ces signes d'avertissement sont sans effet, le chien n'a pas d'autre choix que d'adopter un comportement plus vindicatif pour récupérer son espace vital. Il se met alors à grogner et essaie même de mordre. Bien que cette réaction soit perçue comme démesurée, le chien a probablement essayé de faire passer son message autrement mais n'a pas été compris.

3

(1) *Nous aimons prendre les petits chiens dans nos bras et les câliner. Sachez toutefois que cette attitude leur est étrangère et peut susciter l'appréhension.*

(2) *Instinctivement, un chien interprète cette position (penché vers lui) comme une menace potentielle.*

(3) *Ne relâchez pas votre surveillance lorsqu'un enfant côtoie un chien ; il veut souvent s'en approcher pour l'embrasser et ne se rend pas compte qu'il risque de lui faire peur.*

(4) *L'homme est unique en son genre : lorsqu'il montre ses dents (sourire), il manifeste sa joie et son plaisir. La majorité des autres espèces montrent leurs dents en signe d'agressivité.*

Le contact physique et les gestes

Les chiens communiquent au moyen de subtils changements de comportement et le moindre mouvement peut être lourd de signification. Comme l'homme utilise une gamme de signes différents, il n'envisage pas toujours les conséquences de ses actions sur son chien. Lorsqu'il se penche vers lui, le prend dans ses bras ou le taquine en le touchant, celui-ci ne comprend pas toujours ses intentions. Un geste affectueux lui paraît menaçant et peut susciter une réaction inattendue de sa part.

2

Le sourire Chez la plupart des espèces, montrer les dents indique une intention belliqueuse, et donc une menace. Par contraste, l'homme fait de grands sourires lorsqu'il est heureux. Il est important de ne pas tomber dans l'interprétation anthropomorphique en prêtant à votre chien des sentiments humains.

4

1

2

(1) Le geste de la main accompagne la commande « Attends ».

(2) « Ne touche pas ! » Il n'y a aucune équivoque sur la signification d'un grognement et d'un regard foudroyant ; le jeune chien a parfaitement compris le message.

(3) Un langage corporel éloquent : « Bas les pattes et arrête de m'embêter. »

3

Utiliser le langage corporel pendant le dressage

Comme les chiens prêtent une grande attention aux gestes, il est intéressant d'inclure ceux-ci dans notre programme de dressage fondé sur le principe du renforcement positif. On peut associer des gestes spécifiques à certaines commandes et utiliser d'autres mouvements pour signifier une invitation ou demander d'attendre.

Lorsque vous enseignez les commandes élémentaires à votre chien, simplifiez-vous la tâche en associant un geste de la main à une action particulière. S'il est suffisamment entraîné, votre chien reconnaîtra ce geste et obéira plus vite.

Pour obtenir une réponse **immédiate** de votre chien, vous pouvez utiliser un geste, un signal verbal ou les deux. Si votre chien essaie de capter votre attention ou si vous sentez qu'il va sauter, détournez-vous de lui – les chiens font de même pour indiquer qu'ils ne souhaitent pas interagir. Si votre chien s'approche de vous tranquillement ou vous frôle, une légère rotation de la tête suffira pour lui signifier votre souhait. En revanche, s'il se montre nerveux et insistant, tournez-lui le dos et croisez les bras.

Si votre chien est particulièrement méfiant, il faudra vous faire petit en vous accroupissant, et détourner votre tête de façon à ne pas croiser son regard. Tendez-lui une friandise afin qu'il s'approche et la renifle. Pour enseigner la commande de rappel à des chiens nerveux, il vous faudra utiliser des gestes différents. Vous l'approcherez plus aisément si vous vous détournez de lui. En revanche, vous pourrez ouvrir les bras et faire de petits gestes vifs pour encourager un chien sûr de lui à courir vers vous.

À savoir :

- L'intonation de votre voix et les expressions de votre visage sont importantes ; soyez amical et détendu.
- Une laisse trop tendue ôtera au chien toute possibilité d'éviter une situation stressante et le rendra encore plus inquiet.
- Pour empêcher les confrontations inévitables, ne vous arrêtez pas, poursuivez votre route.
- En saisissant votre chien par le collier, vous risquez de déclencher une réaction agressive.
- Continuez à marcher et appelez votre chien ou bien tirez doucement sur sa laisse pour l'éloigner, si nécessaire ; en vous approchant de lui, vous risquez d'augmenter la tension ou de lui donner l'impulsion dont il a besoin pour réagir.

(1) Les éducateurs canins doivent utiliser leur langage corporel pour renforcer leur message.

(2) Les bras grands ouverts et le buste penché en avant accompagnent le message « Viens me voir ! ». Ce chien a confiance ; il s'approche sans appréhension.

(3) En vous détournant de votre chien, vous le mettrez en confiance. Offrez les friandises la main ouverte.

1

2

3

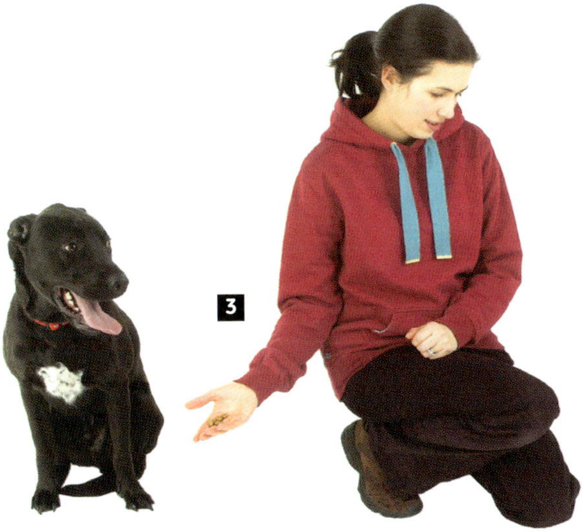

Les PRÉPARATIFS

Comprendre les concepts

Pour être un bon éducateur et avoir un chien obéissant, il ne faut pas nécessairement être autoritaire, agressif ou menaçant. En outre, un chien soumis et un maître directif ne garantissent nullement un bon comportement. Certes, il est possible de contraindre un chien à adopter une conduite spécifique mais, lorsqu'ils sont effrayés ou stressés, beaucoup de chiens ont des réactions de peur, d'extrême apaisement ou d'agressivité défensive. Aucun maître ne souhaite vivre ce genre de situation.

Le processus de domestication bouleverse l'ordre social naturel du chien. Par bien des aspects, la structure de la meute ressemble à celle de la famille humaine dans laquelle beaucoup de chiens se retrouvent aujourd'hui. Si votre objectif est d'encourager les bons comportements chez votre chien, d'établir une relation de confiance entre vous deux et de lui inculquer de bonnes habitudes, vous obtiendrez d'excellents résultats.

Les récompenses immédiates

Des études ont montré que les récompenses données au bon moment accélèrent le processus de dressage. En effet, sans encouragement, votre chien sera incapable d'identifier les comportements jugés satisfaisants, et donc moins enclin à les reproduire. Par récompense, on entend tout ce qui est susceptible d'être agréable à votre chien.

Nous utilisons souvent des récompenses comestibles car notre corps a besoin de nourriture pour survivre ; en outre, manger est une activité agréable. Les friandises sont considérées comme un **renforcement primaire,** c'est-à-dire qu'elles suffisent à évoquer une réponse positive. Comme tous les chiens en bonne santé mangent, la nourriture peut servir à favoriser la répétition de certains comportements.

Certains maîtres récompensent leur chien uniquement avec des croquettes. Même si cela peut fonctionner pour quelques exercices, beaucoup de chiens trouveront d'autres activités plus intéressantes et seront moins motivés pour participer aux séances, en particulier s'ils

1

(1) D'une certaine manière, la structure de la famille ressemble à celle d'une meute dont certaines règles comportementales ne sont pas totalement étrangères au chien.

(2) « Dresser » son chien ne veut pas dire le « dominer », mais plutôt établir une relation de confiance mutuelle.

2

mangent bien aux repas et ne se dépensent pas suffisamment pendant la journée. Pour récompenser votre chien après un exercice difficile, offrez-lui une friandise.

Excepté pour faire mettre votre chien dans la bonne position au début d'un nouvel exercice, vous n'êtes pas obligé d'avoir une friandise dans la main pendant les séances de dressage ; gardez-les dans votre poche et offrez-les **à l'instant même** où votre chien agit correctement. Concentrez-vous sur le timing : entraînez-vous à récompenser votre chien rapidement et associez des félicitations verbales ainsi que des gestes de la main à votre récompense.

Une fois que votre chien a atteint l'objectif de dressage fixé, sortez la friandise destinée à récompenser l'exercice en question. Offrez cette récompense seulement si vous jugez sa réponse satisfaisante. N'arrêtez pas brutalement de lui offrir des récompenses. Maintenez le suspense en lui donnant des friandises de temps en temps lorsqu'il exécute correctement des tâches qu'il connaît. Continuez à le complimenter pour que le comportement souhaité demeure son premier choix.

1

2

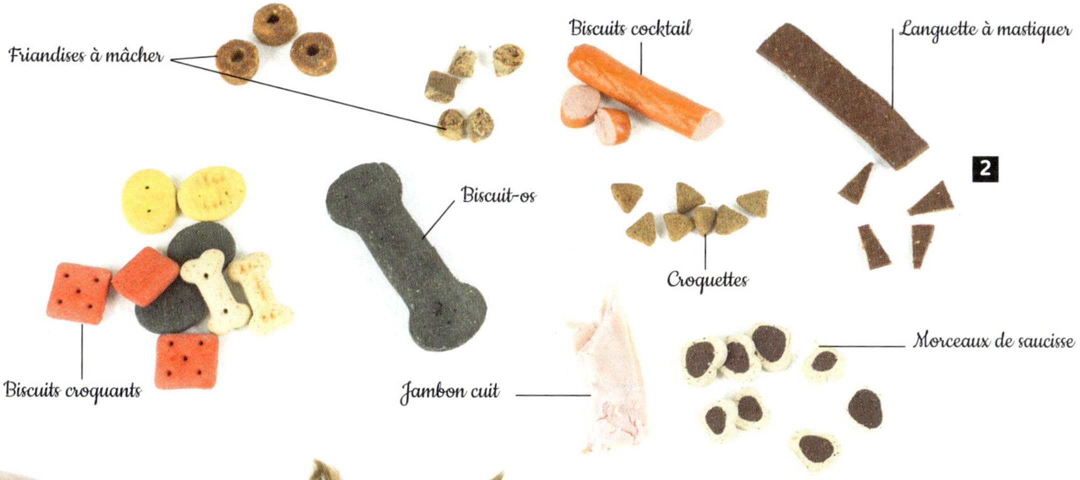

3

(1) Votre chien appréciera également les caresses et les petites tapes amicales, qui pourront servir de récompense à l'issue d'un exercice de dressage réussi.

(2) Choisissez des friandises que votre chien apprécie afin qu'il soit motivé pour obtenir la récompense.

(3) Les friandises servent à récompenser un chien qui a réagi comme vous le souhaitiez et, par conséquent, à renforcer le comportement escompté.

Sachez qu'un chien reproduira tout comportement qui entraîne une récompense. Par conséquent, un dressage efficace doit s'attacher à stimuler l'acquisition des comportements souhaités et empêcher l'animal de trouver amusant un comportement indésirable.

Si vous récompensez votre chien au bon moment, vous obtiendrez rapidement des résultats. Ne gaspillez pas les opportunités de dressage : soyez prêt à complimenter votre chien chaque fois qu'il adopte un comportement positif et offrez-lui **immédiatement** une récompense pour les actions que vous souhaitez renforcer. Sachez que les chiens réagissent mal à une récompense tardive, car ils portent très vite leur intérêt sur autre chose.

1

(1) Si vous voulez que votre chien garde la ligne, donnez-lui une portion de croquettes, prélevée sur sa ration quotidienne, en guise de friandise.

(2) Certains chiens aiment être récompensés de leurs bons résultats par un jouet. Pensez à récupérer celui-ci avant de commencer un nouvel exercice.

Et si… ?

Votre chien est au régime ou digère mal ?
Dans ce cas, choisissez des friandises qu'il supporte ou pauvres en matières grasses. Donnez-lui des croquettes par exemple. Il existe des friandises naturelles : oreilles, nerfs et panse de bœuf, os de jambon, poisson et viande séchés. Essayez également des petits carrés de dinde ou de poisson.

Votre chien se montre difficile ? Tous les chiens mangent, donc il est toujours possible de trouver un aliment qui les motive. Toutefois, les jouets et le jeu peuvent faire office de récompense si votre chien adore s'amuser. Mais attention, il faudra retirer le jouet de sa gueule avant de recommencer l'exercice de dressage.

Le dressage au clicker

Un moyen de signifier au chien qu'il a adopté le comportement attendu consiste à utiliser la technique du clicker. En effet, le clicker peut être l'instrument-clé du dressage **fondé sur le principe de la récompense immédiate** car il vous permet de renforcer le comportement attendu dès qu'il est proposé, en émettant un signal sonore.

2

EXERCICE

Charger le clicker

1 – Cet exercice préparatoire permet à votre chien d'associer le son émis par le clicker à l'arrivée d'une récompense.

2 – Pressez le clicker que vous tenez dans votre main et donnez immédiatement une friandise à votre chien. Répétez cette séquence « clic-friandise » plusieurs fois afin que le chien comprenne qu'un « clic » équivaut à une récompense.

3 – Vous pouvez également « cliquer » puis jeter la friandise au sol. Lorsqu'il vous regarde de nouveau, recommencez.

Un clicker est un petit boîtier en plastique qui tient aisément dans la main et à l'intérieur duquel a été intégrée une petite languette métallique qui émet un son – le fameux « clic » – lorsqu'on appuie dessus. Ce son peut immédiatement être associé avec une friandise, ce qui vous permet d'utiliser le clicker pour renforcer les tâches que vous souhaiteriez voir exécutées par votre chien. Le « clic » est ce que nous appelons **un renforcement secondaire** qui est associé à un renforcement primaire, la friandise. Le dressage au clicker est apprécié des éducateurs et des maîtres parce qu'il les incite à repérer les comportements positifs qu'ils vont valider immédiatement par un clic, au lieu de simplement se concentrer sur les erreurs de leur chien. Cette méthode s'avère stimulante pour les deux protagonistes, car elle invite le chien comme le maître à rechercher les actions positives plutôt qu'à se focaliser sur les erreurs. Tandis que votre chien apprend à identifier le clic suivi d'une friandise, il apprend aussi à associer les deux événements. Vous réussirez plus vite votre dressage si votre chien comprend que ce clic signifie « Oui ! ».

Versez les croquettes dans un bol. S'il n'apprécie pas les croquettes ou s'il préfère les aliments humides, donnez-lui des petites friandises pour chien ou des morceaux de viande. Proposez-lui la friandise et cliquez lorsqu'il la prend. Répétez l'opération plusieurs fois afin qu'il comprenne que le « clic » est associé à l'arrivée de quelque chose de bon à manger. Ensuite, il pensera spontanément à la friandise dès qu'il entendra le « clic », un acquis qui se révélera très utile ultérieurement pour les exercices de dressage.

Le chien sait que le « clic » signifie l'octroi d'une récompense.

Une fois que votre chien aura fait cette association, sa réaction au « clic » sera automatique. Il apprendra à répéter les comportements qui occasionnent le « clic » et vous pourrez donc déclencher le clicker pour renforcer n'importe quelle activité ou réponse émotionnelle adéquates. Libre à vous de commencer par amener votre chien à exécuter une tâche spécifique ou bien de saisir le moment où votre chien propose quelque chose qui est inattendu, mais souhaitable. Quoi qu'il en soit, encouragez toujours les initiatives qui vous plaisent et vous vous apercevrez qu'elles vous seront souvent proposées.

Chaque « clic » doit **immédiatement** être suivi d'une récompense, sinon votre chien réagira de moins en moins au son émis. Au début, soyez prêt à cliquer souvent puis, lorsque votre chien a bien intégré le comportement souhaité, commencez à lui en demander un peu plus avant qu'il ne mérite son « clic-récompense ».

À mesure que vous vous familiariserez avec votre clicker et que vous saurez ce que vous voulez demander à votre chien, la synchronisation entre l'exécution de la tâche et la récompense sera plus rapide. Plus vite vous émettez le « clic » après l'exécution de la tâche souhaitée, plus votre chien comprendra que celle-ci est synonyme de récompense.

« Cliquez » seulement lorsque votre chien se conduit bien afin de ne pas l'inciter à donner une mauvaise réponse. Assurez-vous que les autres membres de la famille ont bien compris cela et que les enfants ne jouent pas avec le clicker.

Quand vous ne vous en servez pas, gardez votre clicker en sécurité hors de portée de votre chien afin d'éviter qu'il ne le mâche et ne l'avale.

Quels outils utiliser pour le dressage ?

La baguette-cible Outil de dressage indispensable, la **baguette-cible,** télescopique ou non, est le prolongement de votre bras. Commencez par éduquer votre chien à toucher l'extrémité de la baguette avec son

Incorrect

Exemple de « clic » émis au mauvais moment car le chiot traîne derrière son éducateur. Le signal de récompense est venu trop tôt. Dans l'entraînement à la marche au pied, il faut attendre que le chien marche à vos côtés. À ce moment-là seulement, vous pourrez cliquer et le récompenser.

Correct

Nous voyons ici un chiot qui marche aux côtés de son éducateur. Le « clic » est émis au bon moment et il est immédiatement suivi d'une récompense comestible. Il est préférable que le chien soit toujours dans la même position lorsqu'il reçoit la friandise.

Grâce à sa forme ergonomique et son gros bouton poussoir, ce clicker est facile à manipuler et à activer.

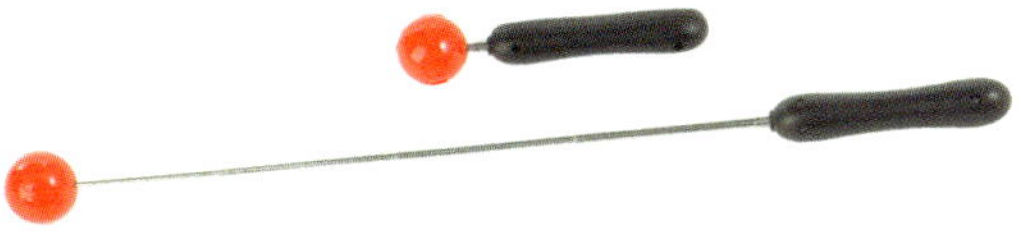

La baguette-cible est un accessoire de dressage intéressant. Utilisez la technique « clic-récompense » pour apprendre au chien à la toucher, à la suivre du regard ou avec le bout du museau.

museau ou sa patte. Pour cela, frottez une friandise contre l'extrémité de la baguette et faites-la renifler à votre chien. Simultanément, cliquez et récompensez. Répétez l'opération jusqu'à ce qu'il touche spontanément la baguette lorsque vous la tendez. Ensuite, vous pouvez utiliser la baguette-cible pour lui enseigner divers comportements.

Le clicker Tenez votre clicker discrètement dans une de vos mains afin de l'actionner rapidement le moment venu. De nombreux clickers sont équipés d'une lanière, d'une pince ou d'une bague élastique et peuvent se porter à la ceinture, au doigt ou autour du cou.

Mettez-en un dans votre pochette à friandises et d'autres à divers endroits de la maison pour les avoir toujours à disposition.

Et si... ?

Votre chien est inquiet à cause des bruits ? Lorsque vous commencez un exercice de dressage, veillez à ne pas effrayer votre chien avant qu'il n'ait compris que les « clics » annoncent quelque chose d'agréable. Étouffez le son en glissant le clicker dans votre poche ou votre manche. Pour établir rapidement une association positive, proposez des friandises attractives.

Vous utilisez déjà les félicitations ainsi que les récompenses ? Bien que le dressage au clicker soit une technique qui ait fait ses preuves, vous n'êtes pas obligé de l'employer dans chaque situation d'apprentissage. Toutefois, les félicitations verbales se révèlent moins efficaces parce que votre chien vous entend parler beaucoup sans voir ses actions récompensées par une friandise. Si vous faites un entraînement en utilisant un mot et une intonation spécifiques pour signifier à votre chien qu'il s'est comporté correctement, vous obtiendrez des résultats positifs. Le clicker peut servir à renforcer une activité particulièrement délicate en accompagnement de la voix.

Récipients à friandises Soyez prêt à récompenser votre chien dès que vous jugez son comportement satisfaisant, en particulier lorsqu'il est en début d'apprentissage. En lui proposant quelque chose d'agréable chaque fois qu'il a une initiative intéressante, vous obtiendrez rapidement des résultats.

Pour que ce type de dressage soit efficace, la récompense doit être **immédiate.** Préparez le terrain en mettant des récipients à friandises à divers endroits de la maison, afin d'être en mesure de renforcer tout comportement digne d'intérêt quel que soit le lieu où vous vous trouvez. Les bocaux en verre à couvercle vissant ou les récipients en plastique à fermeture hermétique ne laisseront filtrer aucune odeur susceptible d'attirer votre animal. Faciles à ouvrir à la demande, ils doivent être placés hors de sa portée. Les pochettes ou sacoches à friandises sont également une bonne solution, mais uniquement si vous êtes en promenade. Sinon, votre chien peut comprendre qu'il obtiendra des récompenses seulement lorsque vous portez la pochette et risque de ne pas réagir correctement s'il voit que vous ne l'avez pas.

Et si... ?

Votre chien n'aime pas les friandises ? Bien sûr, certains chiens sont moins gourmands que d'autres. Cependant, un chien en bonne santé mange toujours de bon appétit. Réservez une partie de sa ration alimentaire quotidienne aux séances d'apprentissage afin d'augmenter sa motivation. Évitez aussi de le nourrir trop copieusement ou de lui donner des en-cas substantiels en cours de journée ; mettez de côté les bonnes choses pour le récompenser en cours de dressage.

Si votre chien se montre difficile, proposez-lui plusieurs sortes de friandises ou des morceaux de viande cuite. Certains chiens ne mangent pas parce qu'ils sont angoissés. Dans ce cas, commencez par traiter cette anxiété.

(1) Les récipients en plastique à fermeture hermétique empêchent l'odeur des aliments de se diffuser dans la pièce.

(2) Remisez ces morceaux dans une pochette à friandises afin de les avoir à portée de main pendant votre séance d'entraînement.

(3) Pour inciter votre chien à apprendre, préparez des aliments que votre chien aime particulièrement.

(4) Une pochette à friandises fixée à la ceinture se révèle très pratique lorsque vous êtes en extérieur.

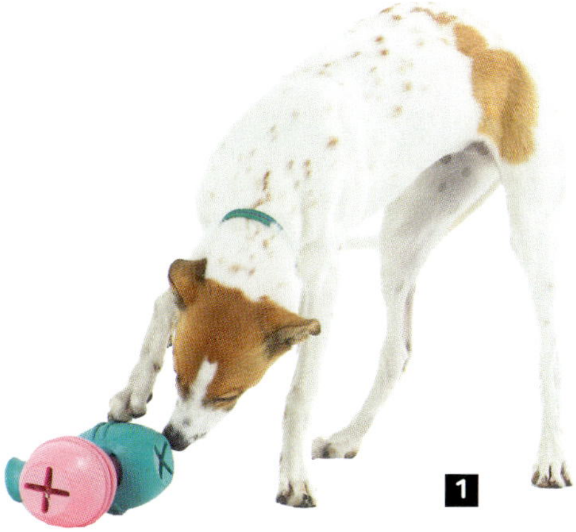

1

2

Vous ne voulez pas utiliser de friandises pour éduquer votre chien ? Vous ne savez pas comment fonctionne le système de récompense à base de friandises. Employé à bon escient, ce dernier accélère le processus d'apprentissage et suscite une réponse positive de la part de votre chien. Si vous n'utilisez pas de friandises, il faudra trouver un autre stimulant pour inciter l'animal **à travailler avec vous.** Cette approche d'apprentissage est certainement meilleure que les méthodes coercitives.

Si vous craignez que votre chien ne grossisse, assurez-vous que sa ration alimentaire quotidienne est correcte. Par exemple, s'il reçoit beaucoup de récompenses pendant la journée, donnez-lui moins de nourriture aux repas.

Ne vous inquiétez pas, ce régime « friandises » ne durera pas éternellement. Dès que votre chien aura appris à répondre favorablement à la nouvelle commande, vous diminuerez progressivement la quantité donnée et espacerez les récompenses.

(1) Chaque jouet a son utilité, d'où l'importance d'en avoir quelques-uns sous la main pendant les séances d'apprentissage pour récompenser des comportements satisfaisants ou des initiatives intéressantes.

(2) Certains chiens adorent aller chercher et rapporter des objets ; ils réussissent même à attraper des frisbees en plein vol.

Les jouets Il existe aujourd'hui une remarquable sélection de jouets pour chiens, solides et inoffensifs, qui permettent de jouer à des jeux extrêmement variés. Proposez à votre animal des jouets adaptés à sa taille et à son caractère. S'il aime mâchouiller, préférez des modèles gros et résistants. S'il aime chercher et rapporter des objets, il sera intéressé par les balles et les frisbees. L'idéal est d'avoir un jouet pour chaque occasion : un qui lui permette de s'amuser seul lorsque vous êtes occupé, un qui soit adapté au jeu interactif.

Choisissez des jouets solides capables de résister aux mauvais traitements.

Les laisses et les longes La laisse vous permet de contrôler aisément votre chien, sans avoir besoin de courir derrière lui. En outre, elle vous donne la possibilité d'être à une certaine distance et, par conséquent, de garder votre calme pendant les séances d'apprentissage. À l'intérieur, vous pouvez utiliser une longe de dressage. Comme elles sont souvent plus légères et plus longues qu'une laisse ordinaire, le chien peut la traîner derrière lui si vous êtes dans les parages. Les laisses à enrouleur ne se prêtent pas à cet usage, car elles peuvent se bloquer.

Les longes sont pratiques pour apprendre au chien à revenir vers vous sans danger. Pensez toujours à en prendre une pour toute séance de dressage en extérieur. En ville, au bord d'une route ou dans les endroits fréquentés, préférez une laisse courte pour maintenir le chien à vos côtés.

Il est préférable d'accrocher une longue laisse à un harnais ou un collier à boucle. Si vous éduquez votre chien dans le jardin, habituez-vous à laisser la longe à la porte pour l'avoir à portée de main. Régularité et cohérence sont les clés de la réussite !

Et si… ?

Votre chien ne porte pas de collier ? Pendant la période d'apprentissage, équipez votre chien d'un harnais ou d'un collier que vous pourrez retirer la nuit ou en dehors des séances. Tous les chiens devraient être équipés un collier muni d'une plaque d'identification avec tous les renseignements nécessaires. La puce et le tatouage sont indispensables mais ne permettent pas toujours de le retrouver.

Une longe de dressage vous permet de garder le contrôle sur votre chien lorsque vous êtes à l'intérieur. Par exemple, vous pouvez vous en servir à la maison pour éduquer un jeune chiot à venir vers vous quand vous l'appelez.

Rappelez votre chiot.

Et félicitez-le d'être venu au pied.

À l'extérieur, une longe de dressage, solide et longue, vous permet de pratiquer la commande « Viens ici » lorsque votre chien se trouve à une certaine distance sans être trop éloigné non plus.

Récompensez votre chien d'être venu « au pied » en lui donnant une friandise.

Assurez-vous que la laisse ne reste pas coincée quelque part.

Il existe des harnais adaptés à toutes les corpulences. Ils sont très utiles avec les chiens qui ont tendance à tirer sur leur laisse.

Quelles sont vos attentes ?

Même si tous les maîtres ont pour objectif d'éduquer leur chien à bien se comporter, ils doivent néanmoins demeurer réalistes. Tous les chiens n'ont pas la même capacité à acquérir telle ou telle compétence. Certains auront tendance à se comporter dès le début de manière correcte, d'autres nécessiteront plusieurs séances d'entraînement. Certains auront des compétences dans un domaine particulier, d'autres pas du tout. C'est au maître d'obtenir le meilleur de son chien.

Toutes les races nécessitent d'être éduquées pour se comporter correctement. Même si votre chien est destiné à être un chien de salon, vous avez envie qu'il soit gentil, qu'il se laisse toiletter ou examiner en cas de blessure, qu'il marche sans tirer sur sa laisse et accueille vos visiteurs ou d'autres chiens sans montrer d'agressivité. Un chien domestique doit savoir s'adapter à un grand nombre de situations, ce qui n'est pas une mince affaire. Si vous avez acheté un chien de travail, ne pensez pas qu'il va s'éduquer tout seul ; les chiens adroits font parfois beaucoup plus de bêtises qu'on ne l'imagine !

Votre chien aime mordiller ? Certains chiens ont tendance à mordiller tout ce qui est à leur portée, dès qu'ils sont laissés sans surveillance. La longe de dressage est un outil destiné à éduquer votre animal, ce qui implique que vous devez être près de lui lorsqu'il en porte une. Essayez de le distraire avec un autre objet pour détourner son attention. Certains maîtres utilisent une corde à linge en plastique épais avec une âme métallique. Bon marché, elle est facile à utiliser et glisse sans peine le long des meubles. D'autres préfèrent asperger la laisse de répulsif pour chien. En tout état de cause, tant qu'il n'y sera pas habitué, votre chien essaiera toujours de la mordiller. Assurez-vous simplement qu'il ne risque rien pendant les séances d'entraînement.

1

2

(1) Si votre chien prend l'habitude de mordiller sa laisse, aspergez-la de répulsif dont le goût amer est fortement dissuasif. En effet, il ne doit pas la prendre pour un jouet.

(2) Un chien dressé à marcher au pied est un compagnon de promenade agréable.

Qui est l'éducateur ? Pour réussir l'éducation d'un chien, il est important de dispenser un entraînement cohérent à un rythme régulier, d'encourager et de féliciter chaleureusement tous les comportements satisfaisants.

En général, un membre de la famille s'occupe du chien et prend en charge son éducation. Dans l'ensemble, cette solution marche bien, mais elle pose parfois problème lorsque d'autres personnes prennent le relais et essaient d'instaurer des règles différentes, en particulier quand une personne gâte le chien tandis qu'une autre essaie de reprendre le contrôle en adoptant une attitude punitive. Des difficultés surviennent également lorsqu'un adulte donne le mauvais exemple aux enfants en réprimandant physiquement le chien ou en criant contre lui.

Conseils malins

1 Chaque membre de la famille doit s'occuper du chien à tour de rôle pour ses besoins quotidiens, afin de bien connaître tous les aspects de sa vie et de l'habituer à tout le monde.

2 Discutez ensemble des règles que le chien doit respecter à l'intérieur de la maison. Une fois qu'elles sont bien claires pour tout le monde, mettez-les en pratique. Changer constamment les règles ne servira qu'à déstabiliser l'animal et à ralentir le processus éducatif. Le dressage fondé sur le principe de la récompense immédiate est efficace seulement si vous savez quel est votre objectif.

3 Adoptez un vocabulaire pour communiquer avec votre chien et lui donner des ordres et respectez-le, car il ne comprendra pas ce que vous souhaitez, si vous remplacez inopinément un mot par un autre.

4 Privilégiez la clarté et la concision pendant les séances de dressage. Même s'il est intelligent, votre chien ne lit pas dans vos pensées et ne devinera donc pas ce que vous attendez de lui.

(1) Les enfants ont naturellement tendance à gâter les chiots. Surveillez cette attitude, car elle risque de saper votre programme éducatif.

(2) Soyez clair et concis lorsque vous donnez une commande verbale.

(3) Pour éviter tout défaut de compréhension de la part de leur chien, tous les membres de la famille doivent utiliser les mêmes mots pour communiquer avec lui et l'éduquer à exécuter certaines commandes.

(4) Souvent un membre de la famille est désigné comme responsable de l'éducation du chien.

(5) Faites en sorte que tous les membres de la famille se sentent concernés par l'éducation d'un chiot, afin de lui inculquer le plus tôt possible des bonnes manières.

1

2

3

4

5

(1) Les chiots ont une faible capacité de concentration ; prévoyez des séances très brèves et des pauses fréquentes pour qu'ils puissent faire leurs besoins.

(2) Faites preuve de beaucoup de patience pour éduquer un chien âgé dont les capacités sensorielles sont sur le déclin.

(3) Chaque race de chien a des capacités et des tempéraments différents. Renseignez-vous sur le caractère de votre chien pour mieux le comprendre.

La race Tous les chiens ne sont pas faits pour rester tranquille à la maison ou être artistes de cirque. Afin d'être en mesure d'apprécier toutes les compétences de votre futur chien et de connaître les raisons susceptibles de le rendre belliqueux, informez-vous sur les spécificités de sa race avant de l'acheter.

Cela vous permettra de le dresser plus efficacement, car vous aurez plus de facilité à le motiver et à choisir les activités en fonction de son endurance et de sa corpulence.

L'âge Les chiens sont capables d'apprendre un comportement ou de s'adapter à tout âge.

Les chiots commencent juste à comprendre ce qui se passe autour d'eux et changent aisément leur comportement en échange de compliments et de récompenses gourmandes. Il n'est jamais trop tôt pour commencer à éduquer votre chiot et il est même recommandé de stimuler l'acquisition des comportements souhaités avant l'installation de mauvaises habitudes.

Attendez-vous à ce qu'il commette quelques erreurs ; il n'y a là rien d'anormal. Ne soyez pas frustré, c'est une étape incontournable du processus d'apprentissage. De plus, vous risquez vous aussi de faire quelques erreurs en apprenant à connaître votre chiot.

Sachez que sa capacité de concentration est relativement faible et qu'il se lassera vite de prêter attention à la même commande. Prévoyez des séances de dressage de 3 minutes maximum, puis faites une pause en lui proposant un jeu ; laissez-le se détendre, boire, manger ou faire ses besoins. Lorsqu'il fait ses dents, il sera certainement moins attentif, plus irritable et appréciera moins les friandises croquantes.

Si vous avez un **chien plus âgé,** son éducation consistera essentiellement à combattre ses mauvaises habitudes. Soyez patient, car vous n'obtiendrez pas des résultats du jour au lendemain. Si votre chien est vieillissant, pensez que sa vue, son ouïe, ses capacités physiques et même son goût peuvent être altérés ; modifiez vos techniques de dressage en conséquence. Par exemple, faites de plus grands signes de la main, parlez plus fort et articulez, proposez des friandises odorantes et des exercices plus faciles.

La socialisation DU CHIEN

De nombreux maîtres sont étonnés d'apprendre que, pour un jeune chiot, le temps est compté en matière d'opportunités d'habituation et de socialisation. C'est une période de la vie (avant sa douzième semaine) où il apprend beaucoup et très vite sur son environnement ; il engrange un maximum d'informations et d'expériences grâce auxquelles il se forge une personnalité robuste qui lui permettra d'affronter la nouveauté et de se débrouiller en cas de mauvaises rencontres.

Les possesseurs de chiots doivent faire de la socialisation une priorité, c'est-à-dire **commencer tout de suite.** La vie avec un chien inquiet est difficile et de nombreux chiens finissent par être euthanasiés ou abandonnés dans des refuges pour animaux à cause de problèmes comportementaux. La socialisation consiste à enseigner au chiot comment interagir avec des personnes et d'autres animaux. L'habituation implique que votre chiot apprenne à ignorer ou accepter des objets inanimés, certains lieux, odeurs ou bruits. Ces deux types d'expériences sont souvent regroupés lorsqu'il est question de socialiser des chiots.

1

Faites un tableau dans lequel vous décrivez les expériences de votre chiot. Notez avec combien de personnes, d'endroits, d'animaux, de véhicules, de sons, d'odeurs et d'événements inhabituels votre chiot a été en contact chaque jour/semaine pour repérer sur quels domaines vous devez concentrer vos efforts. Vous pouvez porter les chiots non vaccinés au bras, les emmener chez des amis (pourvu qu'aucun autre chien non vacciné ne vive sur place) et les exposer à une grande variété de sons.

2

3

(1) Les chiots sont naturellement curieux de leur environnement. Ils doivent apprendre beaucoup en peu de temps, mais leur maître doit aussi veiller à les protéger des dangers comme les étendues d'eau.

(2) L'habituation est le processus selon lequel les chiots s'habituent aux objets inconnus. Les maîtres doivent essayer d'établir un programme d'apprentissage structuré dès leur plus jeune âge.

(3) Le chiot doit apprendre à distinguer une proie d'un animal de compagnie ! La socialisation apprend à un chiot à réagir à d'autres créatures vivantes.

4

Inscrivez-vous à des séances de dressage de chiots. Même si vous avez déjà eu des chiens, ce sera l'occasion rêvée pour votre chiot d'acquérir certaines compétences. Beaucoup de personnes expérimentées sont réticentes car elles pensent qu'elles savent déjà tout, ce qui est souvent faux. Chaque chiot peut être comparé à un être vierge de toute éducation ou socialisation, quelle que soit l'expérience de son maître ou le nombre de chiens qui vit dans la maison.

Les visiteurs Invitez vos amis, des voisins, des collègues de travail à passer prendre le café ou boire un verre chez vous afin d'habituer votre chiot à voir de nouvelles têtes. S'ils ont des enfants, vous aurez l'opportunité de commencer à enseigner à votre chiot comment réagir en présence d'enfants. Un nouveau chiot vous donnera également l'occasion de faire des rencontres et de devenir vous-même plus sociable.

(4) Même si vous avez déjà possédé de nombreux chiens et que vous vous considérez comme quelqu'un de relativement expérimenté, n'hésitez pas à emmener votre nouveau chiot à un cours de dressage. C'est une excellente opportunité de lui enseigner de bonnes manières.

(5) Invitez des enfants à rendre visite à votre chiot et dites-leur de venir avec leur chien, s'ils en ont un. Des rencontres sous surveillance avec d'autres chiens rendent les chiots plus confiants et les aident à se socialiser.

5

Les chiots doivent s'habituer aux transports en voiture car ils seront amenés souvent à voyager. Il convient toutefois de les reléguer dans un espace délimité ou de les attacher pour qu'ils ne soient pas libres d'aller n'importe où.

Le meilleur moyen de transporter un chiot en voiture et de l'empêcher de distraire le chauffeur est de le mettre dans une cage de transport à l'arrière du véhicule. Il pourra jouer ou bien dormir dans son panier.

Ne laissez personne attraper brutalement votre chiot, il risquerait d'être effrayé.

En voiture Votre chiot doit apprendre à se détendre lorsqu'il voyage en voiture. Souvent, sa première expérience a été stressante, car il quittait sa mère ainsi que ses frères et sœurs pour aller directement chez le vétérinaire se faire vacciner.

Les jeunes chiots souffrent souvent du mal des transports, ce qui augmente leur inquiétude. Beaucoup de personnes mettent leur jeune animal dans une cage ou les attachent avec un harnais de transport. Habituez votre chiot à la cage en le plaçant souvent à l'intérieur et mettez-lui le harnais lorsque vous le félicitez ou le récompensez. Emmenez-le en voiture pour de courtes promenades et il apprendra vite à se détendre pendant le trajet.

L'utilisation thérapeutique des phéromones, ou **phéromonothérapie,** permet d'apaiser le comportement des chiens stressés et de raccourcir leur temps d'adaptation. Des phéromones de synthèse, analogues à celles produitent par la chienne allaitante (apaisines canines synthétiques), disponibles en spray, calment immédiatement l'anxiété. Si votre chiot montre des signes de nervosité ou d'inquiétude, vaporisez l'habitacle avec une petite quantité de ce produit.

L'expérience doit être amusante Comme votre chiot va être confronté à un grand nombre d'événements pendant ses premières semaines de vie, mieux vaut qu'ils lui soient agréables. Assurez-vous que personne ne se précipite sur votre chiot au risque de l'effrayer, pour le prendre dans ses bras puis le reposer brutalement au sol.

S'il paraît anxieux (corps ramassé, oreilles rabattues, bâillements...), éloignez-le du stimulus (personne/chien/objet) et laissez-le se détendre avant de recommencer l'exercice plus lentement et de manière moins intensive.

Exercices de manipulation Tous les chiots doivent apprendre à se détendre lorsque leur maître les touche. Quotidiennement, passez votre main sur son corps, caressez-le doucement en le complimentant. Votre chiot doit se laisser toucher les pattes, examiner les oreilles et les dents, même si ces manipulations n'ont pas cours chez la gent canine. Procédez lentement et réservez-vous des moments dans la journée pour manipuler votre chiot. Pensez à le récompenser quand il se montre conciliant.

Un chien plus âgé ? Beaucoup de gens adoptent des chiens adultes. Même s'il vous est impossible d'effacer le passé et de socialiser votre chien aussi efficacement qu'un chiot, il est néanmoins recommandé d'organiser des rencontres et de pratiquer des exercices afin qu'il continue son apprentissage de vie en société et adapte ses réactions. Si votre animal est déjà angoissé et devient inquiet dans certains contextes, efforcez-vous de l'exposer à faible dose à ces circonstances « stressantes » et renforcez ses réponses positives (reprise de confiance). Vous devez être capable d'obtenir la réaction souhaitée. C'est ainsi que nous désensibilisons les chiens aux bruits, aux gens, aux autres chiens ou à la circulation automobile. Il faut absolument résister à l'envie de consoler votre chien en l'étreignant ou en le caressant lorsqu'il est angoissé. Malheureusement, cette attitude contribue à renforcer son comportement anxieux au lieu d'apaiser ses craintes. Restez calme et encouragez uniquement les réactions assurées et sereines.

Au lieu de le câliner, gardez votre calme et attendez qu'il reprenne confiance.

EXERCICE

Habituez votre chiot à être palpé, à se faire examiner les yeux, les oreilles, les dents et les pattes. Offrez-lui des friandises pour le récompenser de son tempérament conciliant.

Les commandes ÉLÉMENTAIRES

En premier lieu, apprenez à votre chien à obéir aux commandes élémentaires que vous utiliserez, lorsque vous aurez besoin de le maîtriser ou de lui faire acquérir de meilleures habitudes. Renforcez ces commandes plusieurs fois par jour ; elles sont adaptées aux chiens en bonne santé de tous les âges, chiots inclus.

Ne vous engagez surtout pas dans de longues et laborieuses séances de dressage. Pensez **« instantané »**. Une éducation bien gérée et réussie nécessite une approche par courtes sessions. Quelques minutes de concentration sur une tâche spécifique suffisent : pendant que vous faites un café ou préparez le dîner, ou encore pendant les spots publicitaires, si vous regardez la télévision.

Demandez à vos enfants de vous observer pendant que vous enseignez la signification des commandes puis laissez-leur conduire l'apprentissage sous votre supervision. Soyez attentif, car les enfants sont très impatients ; ils aiment les réponses rapides et donnent souvent des commandes, verbales répétitives, sauf si vous leur dites expressément de ne pas le faire.

Préparez-vous Vos friandises doivent être dans votre poche ou votre sacoche et votre clicker dans votre main prêt à être actionné **à l'instant même** où votre chien obéit à la commande. Si vous tardez, ne serait-ce que de quelques secondes, il aura plus de difficulté à effectuer l'association souhaitée.

Les enfants doivent suivre l'exemple donné par un éducateur adulte afin que les commandes soient enseignées de manière cohérente par toute la famille.

EXERCICE

Lorsque vous apprenez à un chien jeune ou de petite taille à obéir à la commande « Assis », agenouillez-vous ; en restant debout, vous risquez de l'intimider. Incitez-le à suivre la friandise en déplaçant lentement votre main vers le haut, puis vers le bas. Soyez très précis dans vos gestes.

Captez l'attention de votre chien, qui est debout face à vous, avec une friandise.

Déplacez la friandise au-dessus de sa tête afin que le poids de son corps se déplace vers l'arrière pour essayer de suivre votre geste.

Offrez-lui la friandise lorsque son postérieur touche le sol.

Assis

Tous les chiens peuvent apprendre à s'asseoir même si beaucoup d'entre eux se montrent rétifs et ont besoin que leur maître les rappelle à l'ordre plusieurs fois ou les incite physiquement à obéir.

L'apprentissage de la position **« Assis »** doit se faire dans le calme et de manière cohérente ; ensuite, vous pourrez souvent l'utiliser dans vos exercices de dressage quotidiens.

- Captez l'attention de votre chien et faites-lui sentir une friandise. À ce stade-là, résistez à la tentation de lui dire **« Assis »**.
- Montez et baissez lentement la main contenant la friandise au-dessus de sa tête afin qu'il suive le geste avec son museau.

Ce faisant, il abaissera naturellement son postérieur pour ne pas perdre le contact avec la friandise.

- Dès **l'instant** où le postérieur de votre chien touche le sol, offrez-lui la friandise. Si vous utilisez le clicker, cliquez à ce moment précis puis donnez-lui la friandise.
- Chaque fois que votre chien prend la position désirée, offrez-lui une récompense afin qu'il apprenne que c'est une bonne position à adopter lorsqu'il y a du monde.
- Avec la pratique, votre chien commencera à associer le geste de la main qui monte avec la position assise. Cette association se révélera très utile ultérieurement.
- Une fois que votre chien s'assied volontiers, ajoutez la commande verbale **« Assis »**. Prononcez le mot **à l'instant** même où son postérieur touche le sol afin qu'il associe aisément le mot et l'action. Une fois qu'il aura compris cela, il connaîtra la signification de cette commande verbale lorsque vous la réitérerez.
- Pratiquez cet exercice dans différents lieux ou sur différents types de sols. Chaque membre de la famille peut s'entraîner pour que le chien obéisse indifféremment à l'un ou à l'autre.
- Une fois que votre chien est devenu réactif à cette commande, commencez à diminuer les récompenses de type friandises mais continuez de le féliciter oralement, en lui disant **« Bon chien »** par exemple.

Signe de main signifiant « Assis ».

Solution immédiate aux problèmes

Mon chien ne m'écoute pas : tous les maîtres trouvent que leur chien est distrait à un moment ou à un autre de l'apprentissage. Si votre chien ignore le leurre, il a peut-être déjà reçu trop de friandises ou bien alors celles que vous lui proposez ne sont pas assez attrayantes. Sinon, faites une pause et jouez avec lui. Les séances de dressage les plus brèves sont aussi les plus productives.

Mon chien saute pour attraper la friandise : on peut facilement apprendre à un chien à sauter au lieu de s'asseoir, si l'on tient la friandise juste au-dessus de sa tête et à sa portée. Remontez votre main afin qu'il arrête de sauter et s'asseye correctement. Attendez qu'il ait pris la position souhaitée avant de cliquer et de le récompenser **immédiatement** par une friandise.

La tentation est trop grande.

La main est un tout petit peu plus haut.

Le chien est correctement assis tandis que la friandise est hors de sa portée.

Couché

Cette commande s'enseigne assez rapidement et sans stress ; il doit cependant obéir à la commande « Assis » spontanément, chaque fois que vous la prononcez.

• Débutez l'apprentissage lorsque votre chien est en position assise. Tenez une friandise en guise de leurre près de son museau.

• Approchez lentement la friandise de ses pattes antérieures afin qu'il baisse la tête pour la suivre du regard. Si la vitesse et la position sont satisfaisantes, votre chien arrivera naturellement en position **« Couché »** pour attraper plus aisément la friandise.

• À **l'instant** où son corps se couche au sol, félicitez-le et donnez-lui la friandise. Si vous utilisez un clicker, actionnez-le pour marquer l'action puis offrez la friandise.

• Pratiquez l'exercice plusieurs fois et vous verrez que votre chien exécute la commande de plus en plus rapidement.

• Quand votre chien se met en position **« Couché »**, dites-lui **« Couché bon chien »** (commande verbale) dès qu'il a effectivement pris la position. Assurez-vous que tous les membres de la famille utilisent le même mot ; il y a parfois confusion avec la commande utilisée pour que l'animal ôte ses pattes d'un meuble par exemple. Soyez cohérent !

La position « Couché » est une position que votre chien doit absolument apprendre, si vous souhaitez qu'il reste immobile dans un même endroit pendant un long moment. Elle est plus confortable que la position « Debout » ou « Assis » prolongée.

• Maintenant que votre chien a appris la position et la commande verbale qui l'accompagne, redressez-vous progressivement jusqu'à ce que vous soyez capable de faire le geste de la main au sol et de prononcer le mot **« Couché »** en étant vous-même debout.

• Continuez à « cliquer-récompenser » et à le féliciter jusqu'à ce qu'il réponde spontanément à la commande puis commencez à retarder l'arrivée du compliment ou bien cliquez afin qu'il apprenne à se coucher et à

EXERCICE

Tenez la friandise dans votre main fermée.

Commencez l'exercice, votre chien debout en face de vous. Placez la main qui tient la friandise juste sous son museau pour qu'il la sente.

Abaissez progressivement cette main, en vous assurant que votre chien ne peut pas atteindre la friandise.

Maintenez la friandise près de son museau et abaissez lentement votre main vers ses pattes antérieures afin que son museau suive le leurre.

Maintenez la friandise au sol devant ses pattes antérieures.

S'il suit la friandise jusqu'au sol, le chien se rééquilibrera en étalant ses pattes antérieures pour prendre la position « Couché ».

attendre. Vous pourrez alors envisager de lui enseigner d'autres commandes comme **« Reste ici »** ou **« Pas bouger »**.

• Si votre chien reste dans la position **« Couché »**, encouragez-le à la conserver plus longtemps en lui offrant d'autres récompenses.

Résolution immédiate des problèmes

Mon chien ne veut pas rester couché : certains chiens se lèvent dès qu'ils ont été récompensés. Augmentez la durée de la position **« Couché »,** en lui proposant vite une autre récompense avant qu'il ne bouge. Cachez une friandise sous votre pied pour le récompenser immédiatement, s'il a conservé la position **« Couché »** un certain temps.

Certains chiens sont plus longs que d'autres à maîtriser cette position. Si votre chien a des problèmes, ne le forcez pas. Soyez patient et veillez à pratiquer cet exercice dans un endroit accueillant et sécurisant pour l'animal, sur un sol confortable. Pour le mettre en confiance, récompensez chaque exercice réussi.

Si vous cachez la friandise sous votre pied, laissez-la apparaître une fois que vous êtes debout pendant que votre chien reste en position « Couché ». Essayez d'obtenir de lui qu'il conserve cette position plus longtemps, avant de lui donner sa récompense.

Levez votre pied afin que le chien puisse voir la friandise.

Si vous travaillez avec un clicker, cliquez maintenant. Sinon, donnez la friandise.

À l'instant précis où votre chien se retrouve plaqué au sol et reste dans la position « Couché », cliquez et récompensez-le en lui donnant la friandise.

Une fois que votre chien réagit correctement au signe de la main, vous pourrez lui demander de se mettre en position « Couché » en restant debout ; inutile de vous pencher en avant.

Avec un peu de pratique, vous pourrez énoncer la commande verbale « Couché » et l'accompagner d'un signe de la main pour intimer à votre chien de se mettre en position « Couché » autant de fois que nécessaire.

Ne tendez pas trop la laisse afin de ne pas entraver les mouvements du chien.

Si votre chien est jeune ou a tendance à se déconcentrer, augmentez votre contrôle en glissant une laisse sous sa patte.

Debout

Il est important d'apprendre à votre chien à se mettre debout pour être examiné, toiletté, séché ou équipé d'un harnais. S'il sait rester **« Debout »,** pour vous ces tâches seront beaucoup plus faciles à accomplir.

- Commencez avec votre chien assis face à vous.
- Tenez une friandise dans la paume de votre main ; laissez votre chien la sentir sans la toucher.
- Déplacez lentement votre main à l'horizontale pour l'éloigner de son museau comme si vous vouliez l'entraîner. Ce geste va l'inciter à se pencher en avant pour se **mettre debout.**
- Cliquez et récompensez-le **immédiatement** ou bien félicitez-le et donnez-lui la friandise.
- Répétez cette action jusqu'à ce qu'il se lève spontanément ; cela ne devrait pas demander beaucoup de temps.
- Ajoutez ensuite la commande verbale **« Debout mon chien »**, dès qu'il quitte la position **« Assis »**.
- Une fois qu'il a compris la commande verbale et identifié le geste de la main (photo à droite), il cherchera à s'approcher de votre main.

Si vous retardez progressivement l'arrivée de la récompense, votre chien apprendra à rester debout plus longtemps.

Un bon synchronisme est essentiel pour cette tâche, car si vous le récompensez trop tard, il aura peut-être déjà avancé. Votre objectif est de renforcer la position debout : exercez-vous à cliquer et à donner la friandise **à l'instant même** où votre chien se met debout.

EXERCICE

Pour lui enseigner la commande « Debout », commencez par faire asseoir votre chien en face de vous. Assurez-vous qu'il concentre son attention sur vous.

Tenez la friandise juste devant son museau puis éloignez lentement la main afin qu'il se penche en avant pour la suivre.

Résolution immédiate des problèmes

Mon chien ne conserve pas sa position et s'avance pour attraper la friandise : pensez à bien synchroniser les deux actions. Vous devez récompenser votre chien au moment où il se met en position **« Debout »**. Si vous êtes trop lent ou si vous éloignez trop la friandise avant de la lui offrir, il avancera probablement de plusieurs pas.

Mon chien est trop petit et j'ai des problèmes avec cet apprentissage : agenouillez-vous ou bien posez votre chien sur une table. Éloignez la friandise de son museau en déplaçant votre main à l'horizontale : si elle est trop basse, votre chien se couchera et, si elle est trop haute, il sautera.

(1) Utilisez la friandise pour inciter votre chien à se pencher en avant. Dès qu'il se met debout, cliquez et laissez-le prendre la friandise pour le féliciter de son action.

(2) Si vous éduquez un petit chien, agenouillez-vous afin de vous mettre à son niveau, ou bien placez le chien sur une table.

Reculez votre main à l'horizontale pour éloigner la friandise du museau de votre chien. Si vous laissez tomber votre main, il risque de se coucher.

Lorsque le chien parvient à se mettre spontanément debout, vous pouvez alors vous redresser et poursuivre l'apprentissage en restant debout.

Repérez précisément le moment où il se met dans la position souhaitée.

En suivant la friandise, votre chien sera entraîné à se mettre « Debout ». Cliquez puis donnez-lui immédiatement la friandise ; laissez-le apprécier sa récompense.

Une fois que votre chien réagit spontanément à la commande, énoncez la commande verbale « Debout mon chien » et faites un signe de la main pour qu'il conserve la position.

À mesure que l'apprentissage progresse, augmentez la durée de la station debout. Récompensez-le avec une friandise par intermittence afin qu'il conserve la position.

Viens ici !

Tous les chiens doivent apprendre à revenir vers leur maître, d'une part pour que ce dernier ne s'inquiète pas et, d'autre part, pour prévenir les accidents. Certains chiens qui ont de forts instincts prédateurs ou qui sont réputés être des chasseurs de bétail ne répondront jamais parfaitement à cette commande de rappel. Il faut néanmoins les entraîner à obéir, en prenant la précaution de ne pas ôter leur laisse dans certains endroits et à certains moments.

• Votre chien a besoin d'apprendre que venir vers vous à l'appel de son nom est synonyme de plaisir, de flatterie et de récompense. S'il pense cela, vous pourrez lui faire abandonner la plupart de ses activités et de ses jeux.

• Il faudra faire preuve de patience lors de cet exercice de rappel. Préparez votre chien à le réussir.

• Remplissez votre sacoche de friandises particulièrement délicieuses. Si vous êtes deux, faites comprendre à votre chien que vous avez la friandise en la lui montrant pendant que votre ami le tient par le collier.

• Puis déplacez-vous à l'autre bout de la pièce, ouvrez les bras, appelez-le par son nom et dites **« Viens ici ! »** ou **« Au pied ».** Votre ami doit lâcher son collier. À son approche, encouragez-le d'une voix alerte et joyeuse pour maintenir son attention.

• Quand il arrive, tendez-lui la friandise d'une main, tout en attrapant délicatement son collier de l'autre. Vous pourrez alors accrocher aisément la laisse si vous êtes en fin de promenade. Récompensez votre chien **à l'instant** où il arrive près de vous.

• Répétez ce jeu. Si possible, demandez à des membres de la maisonnée de retenir gentiment votre chien pendant que vous le taquinez avec la friandise et précipitez-vous dans une autre pièce avant de l'appeler. Faites cet exercice également dans votre jardin.

• Tous les membres de la maisonnée doivent participer à ce jeu afin de lui faire comprendre qu'il a intérêt à répondre, quelle que soit la personne qui l'appelle.

• Si vous avez des doutes sur la capacité d'obéissance de votre chien, utilisez une longe (longue laisse) qui vous permettra de le contrôler, tout en le laissant libre de se dépenser et de jouer. Ne le tirez pas vers vous ; la longe sert seulement à l'empêcher de s'aventurer trop loin. S'il ressent une tension, il risque d'avoir peur et de résister. Éloignez-vous, proposez un jeu, créez une autre source de distraction pour l'inciter à revenir vers vous.

EXERCICE

Demandez à une amie de vous aider en tenant votre chien par son collier pendant que vous captez son attention à l'aide d'une friandise.

Reculez-vous légèrement, ouvrez les bras et dites « Viens ici ». Votre amie lâchera le collier afin que le chien puisse courir vers vous. Montrez-vous enthousiaste lorsque vous appelez votre chien.

Résolution immédiate des problèmes

Mon chien est long à revenir : ne punissez jamais votre chien pour sa lenteur. Si vous le faites, il aura moins envie de revenir vers vous la prochaine fois que vous lui direz **« Viens ici »**. Utilisez plutôt une longe et entraînez-le dans un endroit tranquille jusqu'à ce qu'il comprenne ce que vous attendez de lui.

J'ai peur de sortir mon chien sans laisse : si vous craignez que votre chien ne disparaisse de votre champ de vision lorsque vous le détachez, utilisez une longe de dressage ; plus longue qu'une laisse, elle lui permettra d'explorer les lieux sans trop s'éloigner, tant qu'il n'aura pas appris à obéir spontanément à la commande **« Viens ici »**.

Lorsque vous vous entraînez dehors, utilisez plutôt une longe (laisse longue) si votre chien n'est pas vraiment fiable. Cela vous permet de le garder sous contrôle tout en lui laissant la liberté d'explorer.

Concentrez votre attention sur votre chien et agissez avec enthousiasme de façon qu'il comprenne que vous êtes content de le voir venir vers vous.

La pochette est remplie de friandises.

Ce chien est obéissant et réagit vite, c'est exactement ce que l'éducateur attend de lui.

Félicitez et récompensez immédiatement votre chien dès qu'il arrive. À mesure qu'il revient plus rapidement, augmentez la distance qui vous sépare et commencez à l'entraîner dehors.

Reste ici

Cette commande est l'une des plus difficiles à exécuter, en particulier pour les chiens jeunes ou inquiets, mais aussi l'une des plus utiles car elle permet de rendre certaines situations plus sûres pour votre chien et vous-même.

- Placez-vous face à votre chien et demandez-lui de s'asseoir.
- D'une voix calme, levez votre main, paume vers lui, et dites **« Reste ici »**. Ne bougez pas. Après une courte pause, cliquez ou félicitez votre chien et récompensez-le **immédiatement.** Bien que vous ne soyez allé nulle part, il doit comprendre que vous voulez qu'il reste dans cette position.
- Renouvelez cette action jusqu'à ce qu'il soit content de rester en place. S'il se lève ou s'il bouge, remettez-le doucement à sa place initiale. Si vous avez un chien particulièrement actif, demandez à une autre personne de tenir sa laisse ou bien attachez-le à une poignée de porte afin de ne pas être obligé de courir derrière lui s'il tente d'échapper à l'exercice.
- Maintenant, reculez d'un pas après lui avoir donné l'ordre **« Reste »** et revenez avant qu'il ne commette une erreur. Répétez cette séquence plusieurs fois en augmentant progressivement la distance entre lui et vous. Continuez à le regarder pour l'empêcher de se laisser distraire.
- Ne dites rien et ne cliquez pas ou ne sortez pas de friandise, car votre chien penserait plus à la récompense qu'à conserver sa position immobile.
- À ce moment-là, vous pouvez le libérer en lui disant **« OK »** ou **« C'est bon ».** Utilisez ces mots à la fin de chaque séance d'entraînement pour lui signifier qu'elle est terminée et qu'il peut se reposer.
- Une fois qu'il est capable d'obéir à cette commande, tournez-lui le dos lorsque vous reculez. À ce stade, beaucoup de chiens font des erreurs ; soyez patient et répétez l'exercice autant de fois que nécessaire. Augmentez la distance à chaque répétition ; à la fin, vous devez sortir de son champ de vision pendant qu'il **reste sans bouger.**
- Revenez toujours vers votre chien avant de le libérer, sans quoi il risque de quitter sa position immobile et, éventuellement, de se mettre dans une situation dangereuse si la séance a lieu à l'extérieur.

Résolution immédiate des problèmes

Mon chien n'arrête pas de se lever : cela se produit souvent en cours d'apprentissage. Dans ce cas, remettez-le doucement à sa place et recommencez. Ne vous éloignez pas trop les premières fois afin qu'il ne soit pas tenté de vous suivre. Pour l'apprentissage de la commande **« Reste ici »,** les résultats s'obtiennent très progressivement.

Mon chien a l'air inquiet : les chiens inquiets ont du mal à conserver cette position. N'essayez jamais de les faire obéir à la commande **« Reste ici »** dans un lieu où il ne se sent pas en sécurité. Lorsque vous commencez cet apprentissage à l'extérieur, demandez à un ami de tenir sa laisse. Ne travaillez jamais sans laisse lorsque vous êtes à proximité d'une route.

Conseil malin

Évitez de dire à votre chien **« Reste ici »** lorsque vous sortez de la maison. Il finira par bouger et vous risquerez de perdre le bénéfice des précédentes séances d'entraînement. Donnez-lui plutôt l'ordre de se lever lorsque vous fermez la porte afin qu'il vous suive.

Ne réprimandez pas votre chien s'il se lève pour vous suivre. Faites-lui reprendre sa position initiale et recommencez. S'il continue à se lever, faites une pause.

EXERCICE

Faites un signe de la main, puis cliquez et donnez une friandise juste après.

1

(1) Faites asseoir votre chien. Ne bougez pas et récompensez-le pour être resté immobile.

Le signe de la main doit être très clair.

2

(2) La prochaine étape consiste à reculer d'un pas en fixant votre chien.

Ne vous attendez pas à ce q
reste patiemment sans boug
la séance. Accordez-lui plus

3

(3) Lors des premières séances d'apprentissage de la commande « Reste ici », octroyez-lui une pause au bout de quelques répétitions.

Pour commencer, reculez d'un pas ou deux seulement puis revenez vers lui.

4

(4) Poursuivez l'apprentissage de la commande « Reste ici » en vous détournant pour vous éloigner de quelques pas.

Intimez-lui clairement l'ordre de rester immobile avant de vous éloigner.

5

(5) Augmentez progressivement le nombre de pas entre votre chien et vous.

Soyez calme dans vos mouvements et prenez une voix posée.

6

(6) Faites une courte pause avant de vous retourner et de revenir vers lui. Avec le temps, vous augmenterez la durée de l'exercice ainsi que la distance entre votre chien et vous.

Ne cliquez pas avant d'être revenu à votre point de départ.

7

(7) Revenu à côté de votre chien, cliquez et offrez-lui immédiatement une friandise puis récompensez-le verbalement. Ensuite, libérez-le.

Bonjour, c'est l'heure DU DRESSAGE !

Opportunités de dressage fondé sur le principe du renforcement positif

Au quotidien Les suggestions détaillées dans ce chapitre concernent les problèmes d'apprentissage et de comportement courants pour lesquels les propriétaires de chiens sollicitent souvent de l'aide. Elles vous permettront de varier votre programme d'entraînement au quotidien et de parfaire le comportement de votre chien.

Apprentissage de la propreté

Première chose au réveil : laissez votre chien faire ses besoins dès que possible. Les chiens qui n'ont pas appris à se retenir auront tendance à se laisser aller dès qu'ils vous auront entendu bouger et seront eux-mêmes réveillés. Avec une vessie pleine, les incidents sont fréquents. En les évitant, vous renforcerez son habitude de faire ses besoins au bon endroit.

Trop tard ? Si votre chien a déjà fait ses besoins, ce n'est pas de sa faute et toute tentative de punition après-coup se soldera par un échec. Si vous le réprimandez, la prochaine fois, il commencera seulement à s'inquiéter en vous entendant descendre les escaliers. Faites-le sortir et nettoyez. Le soir venu, réglez le réveil pour vous lever plus tôt le lendemain matin, **avant** qu'un incident ne se produise. Éduquez progressivement votre chien à se retenir jusqu'au matin en retardant légèrement votre heure de réveil au fil des jours.

Éducation du chiot Si vous éduquez votre chiot à faire ses besoins dehors, il est indispensable de vous lever tôt. Au lieu de le laisser sortir seul, accompagnez-le afin de le complimenter **immédiatement** (et de vérifier qu'il a effectivement vidé sa vessie).

Sinon, il risque de passer tout son temps à essayer de rentrer puis de faire ses besoins dans le hall d'entrée. Un chiot demande d'être sorti plusieurs fois dans la journée – après les séances de jeu et les repas. Pour ne pas perdre de temps, préparez votre manteau, une paire de chaussures et une pochette de friandises. Si vous êtes rigoureux, ponctuel et régulier, son apprentissage de la propreté se fera rapidement.

Ne frappez jamais un chiot qui a fait ses besoins à l'intérieur. Vous lui apprendriez seulement à avoir peur des hommes et à prendre la main qui se tend vers lui pour une menace potentielle.

Ne mettez jamais le museau de votre chiot dans son urine ou ses déjections pour le punir. Ce n'est pas ainsi que vous lui apprendrez à mieux contrôler sa vessie, ou ses intestins, ou à demander de sortir ; vous réussirez uniquement à l'inquiéter ou à l'effrayer.

Objectif éducatif :

- Félicitez et récompensez votre chien lorsqu'il fait ses besoins au bon endroit.
- Sortez votre chiot ou votre chien avant qu'un accident ne se produise.

Lorsque vous éduquez un chiot, prenez l'habitude de le sortir pour qu'il fasse ses besoins dès son réveil.

Des accidents se produiront. Ne vous mettez pas en colère et ne réprimandez pas votre chiot si les choses se passent mal quelquefois. Nettoyez et essayez d'être plus rapide la prochaine fois.

Soyez vigilant : sortez fréquemment votre chiot lorsque vous l'éduquez à la propreté.

(1) Soyez prêt à accompagner votre chiot dehors pour vérifier qu'il a bien fait ses besoins. Tenez-le en laisse pour mieux surveiller ce qu'il fait.

(2) Dès qu'il s'est soulagé, félicitez-le et donnez-lui immédiatement une friandise. Votre objectif est d'établir une relation entre l'action de faire ses besoins dehors et la remise d'une récompense.

1

2

Si vous surprenez votre chiot à renifler le sol, soyez réactif ! Faites-le sortir sur le champ et félicitez-le s'il fait ses besoins.

Vous devez commencer à comprendre le langage corporel de votre chien qui vous dit « Je veux sortir ».

Retourner au lit ? Après un réveil matinal, vous aurez peut-être envie de vous recoucher ou de faire votre toilette. Un chiot ou un chien actif est plein d'énergie, il aura donc envie de jouer et vous aurez du mal à le faire rester tranquille. Pour qu'il patiente, donnez-lui un jouet intéressant ou quelque chose à mordiller. S'il n'est pas occupé, il aboiera, gémira ou fera une bêtise pour se rendre intéressant. Empêchez-le de prendre de mauvaises habitudes.

Objectif éducatif Proposez une activité à votre chien une fois qu'il a fait ses besoins dehors et avant de le laisser se reposer dans son panier.

Le petit-déjeuner est prêt

Pesez sa ration de nourriture pour le petit déjeuner, versez-la dans sa gamelle et demandez-lui de **s'asseoir** avant de vous pencher pour déposer sa gamelle par terre. S'il se lève avant, redressez-vous pour mettre la gamelle hors de sa portée. Demandez-lui une seconde fois de **s'asseoir** et répétez votre geste. N'hésitez pas à recommencer tant qu'il ne reste pas assis en attendant que sa gamelle soit posée au sol. Puis dites-lui **immédiatement « OK »** ou **« Vas-y »,** pour lui signaler qu'il peut manger. Soyez calme et patient. Si vous vous mettez en colère, votre chien sera inquiet et son comportement à l'heure des repas deviendra problématique.

Objectif éducatif Félicitez oralement votre chien parce qu'il reste assis en attendant que vous lui donniez l'autorisation de manger.

EXERCICE

Mesurez la ration de nourriture pendant que votre chien patiente en position « Assis ».

(1) (2) Le petit-déjeuner vous donne l'occasion d'éduquer votre chien à rester patiemment assis en attendant de recevoir sa ration de nourriture.

Ne posez pas sa gamelle au sol tant qu'il ne reste pas assis.

Agitation matinale

Le matin, l'agitation règne dans la maison. Tout le monde se dépêche pour arriver à l'heure au bureau ou à l'école et parfois le chien, qui se sent délaissé, cherche à attirer l'attention en se comportant mal ou en bravant les interdits. Après avoir rechargé leurs batteries pendant la nuit, les chiots et les jeunes chiens débordent d'énergie en début de journée. Pour éviter tout incident, occupez votre animal avec un objet ou un jouet (versez, par exemple, ses croquettes du petit-déjeuner dans une balle d'activité dont il mettra un certain temps à les extraire) et reléguez-le dans un endroit calme où il ne gênera personne. Si besoin bloquez la sortie avec une barrière de sécurité pour qu'il ne soit pas dans vos jambes.

Objectif éducatif Encouragez votre chien à jouer seul afin qu'il ne vous importune pas.

1

2

(1) Un moyen d'occuper un chien le matin lorsque vous êtes pressé consiste à verser ses croquettes dans une balle d'activité car il mettra du temps à les extraire.

(2) Les chiots, qui sont en pleine croissance, prennent quatre à cinq repas par jour.

Accompagnez la commande « Attends » d'un geste de la main.

3

La commande « Vas-y » signifie que le chien peut commencer à manger.

4

5

(3) Penchez-vous pour poser sa gamelle au sol ; restez dans une situation d'apprentissage en demandant à votre chien de conserver la position « Assis » jusqu'à ce que vous l'autorisiez à manger.

(4) Une fois la gamelle au sol, si votre chien ne s'est pas précipité dessus, dites-lui immédiatement « Vas-y ».

(5) Dès qu'il a commencé à manger, laissez-le apprécier son petit-déjeuner sans le distraire ni l'interrompre.

Le mordillement

Les chiots adorent mordiller les pantoufles ou les ceintures lorsque leur maître n'a pas vraiment de temps à leur consacrer. Pour éviter cela, ne proposez **jamais** à votre chiot de jouer avec vos pieds, vos chaussures, vos manches ou vos ceintures.

En revanche, dès qu'il commence à mordiller, ne bougez pas et attendez. Ne lui donnez pas de coup de pied ; il veut s'amuser mais se lassera vite s'il n'a pas de partenaire. Dès qu'il renonce, cliquez cette bonne initiative et offrez-lui une friandise ou bien félicitez-le oralement. Ensuite, orientez son attention vers ses propres jouets ou éparpillez des friandises sur le sol pour l'occuper pendant que vous terminez ce que vous avez à faire. Plus tôt vous lui apprendrez à jouer à un jeu intéressant, moins il essaiera de mordiller vos affaires.

Certains chiots adorent mordiller les ceintures, les bas de pantalon ou les pantoufles. Même si cela vous amuse, ne les encouragez pas.

Aiguillez l'attention de votre chien vers un jouet de couleur vive s'il commence à tirer sur vos vêtements ou à mordiller vos pantoufles.

EXERCICE

Dans cette situation, la règle d'or est de ne pas commencer à jouer. Si vous refusez de participer, le jeu perdra de son intérêt.

Il espère vous faire entrer dans son jeu.

Ne répondez pas à ses sollicitations. Ne bougez plus et attendez qu'il lâche la ceinture.

Conseil malin Si votre chiot veut toujours jouer lorsque vous venez lui dire bonjour, posez un objet ou un jouet qu'il aime particulièrement sur les escaliers ou près de la porte ; vous le prendrez avant d'entrer dans la pièce et lui donnerez pour détourner son attention de vos vêtements.

Objectif éducatif :

- Observez votre chien pour comprendre son langage corporel et voir s'il se prépare à tirer sur vos vêtements. Si possible, empêchez-le.
- Arrêtez-vous immédiatement dès qu'il commence à tirer ou à mordiller vos vêtements.
- Détournez son attention en lui proposant un autre jeu.

Si vous pensez que votre chien risque de se précipiter dehors lorsque quelqu'un ouvre la porte d'entrée, confinez-le dans un espace fermé par une barrière de sécurité et laissez-lui un jouet amusant pour l'occuper.

Barrière de sécurité

Certains chiens sont prompts à s'échapper pour aller gambader dehors dès qu'une porte s'ouvre. Installez une barrière de sécurité pour empêcher votre chien de sortir dans une rue fréquentée ou un jardin non clôturé. Ne pensez jamais qu'il va rester sagement à l'intérieur. Cet accessoire se révèle utile lorsque vous souhaitez avoir un peu de tranquillité.

Ne répondez pas à ses sollicitations. Ne bougez plus et attendez qu'il lâche la ceinture.

Quelques friandises disséminées sur le sol suffiront à détourner son attention.

La PROMENADE

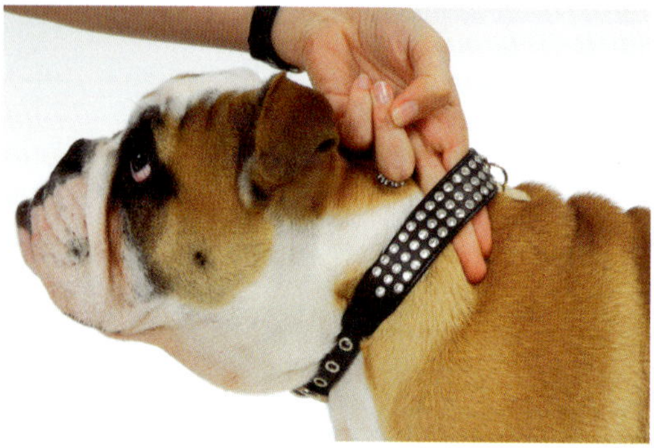

Vérifiez régulièrement que le collier de votre chien n'est pas trop serré. Vous devez pouvoir glisser deux doigts entre celui-ci et son cou.

Le port du collier

Avant de sortir votre chien, posez-lui un collier solide et agréable à porter. Vérifiez qu'il n'est pas trop serré : vous devez pouvoir glisser deux doigts entre le collier et son cou. Accrochez-y une plaque d'identification sur laquelle figurent vos coordonnées.

Préparez-vous

Rassemblez les accessoires dont vous avez besoin pour partir en promenade et rangez-les toujours au même endroit pour les avoir sous la main à chaque fois que vous voudrez sortir votre chien. Une sacoche ventrale est très utile pour mettre les friandises, les ramasse-crottes, un sifflet, un jouet, une balle et un clicker (photo ci-contre).

N'excitez pas inutilement votre animal en le taquinant, si vous n'êtes pas prêt à quitter la maison. Il risque de sauter dans tous les sens, d'aboyer et d'être difficile à maîtriser au moment de franchir la porte. Il aura également tendance à tirer sur sa laisse dès le début de la promenade.

Lorsque vous êtes prêt, prenez la laisse, appelez votre chien et demandez-lui de **s'asseoir.** Il risque d'être particulièrement joyeux et démonstratif quand il vous verra avec la laisse et se mettra probablement à japper, à sauter ou à attraper des jouets dans sa gueule. Restez calme et attendez. Il finira par se rendre compte qu'il ne se passe rien et dirigera son attention sur vous. Redemandez-lui de s'asseoir. Une fois qu'il est assis, accrochez la laisse à son collier, cliquez et donnez-lui immédiatement une friandise ou félicitez-le oralement. Attendez qu'il retrouve son calme pour démarrer la promenade. Ces moments de pause lui permettent d'améliorer progressivement son attitude.

Si votre chien s'est mal comporté lorsque vous avez sorti sa laisse, posez celle-ci par terre et éloignez-vous en l'ignorant complètement. Cinq ou dix minutes plus tard, reprenez la laisse et faites une nouvelle tentative. Avec l'expérience, il associera son mauvais comportement à l'annulation de la promenade. Une fois qu'il a

retrouvé son calme, accrochez sa laisse et sortez ; il comprendra que sa réaction était la bonne.

Conseil malin Ne courez jamais après votre chien pour lui accrocher sa laisse, car il pensera qu'il s'agit d'un jeu. Pour lui faire comprendre qu'il doit adopter le comportement que vous attendez de lui, imaginez une situation qui l'incite à attendre calmement près de la porte.

Objectif éducatif Accrochez la laisse au collier de votre chien et sortez de la maison, seulement s'il se montre calme et coopératif.

Plusieurs chiens ? Si vous possédez plusieurs chiens, il faut les éduquer chacun à leur tour, surtout s'ils ont des tempéraments différents. Les séances de dressage individuelles se révèlent beaucoup plus efficaces et favorisent un apprentissage plus rapide. Lorsque chaque chien a acquis le comportement souhaité, vous pouvez les réunir pour une séance d'éducation collective. Indiquez clairement le chien auquel vous vous adressez en prononçant son nom avant de lui donner un ordre.

Il est difficile d'éduquer deux chiens à la fois. Vous augmenterez vos chances de réussite en les éduquant séparément.

EXERCICE

N'essayez pas d'accrocher la laisse si votre chien se met à sauter avec frénésie dès qu'il l'aperçoit. La promenade viendra récompenser un comportement satisfaisant.

Glissez des sachets de propreté dans votre sacoche.

Restez immobile, évitez de croiser son regard et attendez qu'il se calme. Lorsqu'il vous regarde de nouveau, demandez-lui de s'asseoir.

Une fois qu'il est assis, accrochez la laisse au collier.

Si votre chien reste sagement assis une fois qu'il est en laisse, cliquez et offrez-lui immédiatement une friandise, puis dites-lui qu'il est un bon chien.

Une seule leçon à retenir : ignorez un chien qui saute, occupez-vous d'un chien sage !

La marche au pied

Les chiens ne naissent pas en sachant que l'homme va les faire marcher à côté de lui au bout d'une laisse. À vous de faire comprendre à votre chien que c'est une bonne idée, moyennant quelques séances d'entraînement où vous devrez vous montrer patient, persévérant et exigeant pour obtenir de bons résultats. Un chien qui n'a pas encore fait d'exercice sera moins réceptif à votre enseignement. Pour mettre toutes les chances de votre côté, emmenez-le au parc ou dans un champ et laissez-le courir et jouer avant de débuter la séance.

Pour pratiquer la marche au pied, commencez par faire asseoir votre chien à côté de vous. Captez son attention puis faites un pas en avant. S'il marche avec vous, dites **« Au pied »** et récompensez-le **immédiatement** avant de poursuivre. Continuez à le féliciter tant que la laisse demeure lâche. Préparez la friandise mais assurez-vous qu'il n'est pas incité à sauter. Augmentez progressivement la distance sur laquelle votre chien marche à vos côtés avant d'offrir la récompense.

Soyez attentif ! Quand vous promenez votre chien, surveillez-le ; évitez de téléphoner ou de bavarder trop longtemps avec quelqu'un. Si vous êtes distrait, vous ne serez plus en mesure de récompenser un comportement correct au moment idoine ou de remarquer une anomalie (si votre chien est inquiet à cause des voitures, d'autres chiens...). En outre, votre chien trouvera vite quelque chose de plus intéressant à faire et manifestera son impatience en tirant sur sa laisse.

Pour encourager votre chien à marcher correctement au pied, vous devez :

- « Cliquer-récompenser » et féliciter oralement votre chien à chaque fois qu'il lève le regard vers vous en marchant.
- « Cliquer-récompenser » ou féliciter oralement votre chien à chaque fois que vous sentez que la laisse est détendue.
- Vous arrêter immédiatement si votre chien tire sur sa laisse. Faites-le revenir à côté de vous en l'attirant avec des friandises et continuez à marcher. « Cliquez-récompensez » pendant que vous marchez afin qu'il comprenne que marcher à côté de vous lui vaut d'être récompensé.

EXERCICE

(1) Si le chien tire sur sa laisse, arrêtez-vous. C'est vous qui dirigez, pas lui.

(2) Lorsqu'il se retourne pour voir ce qui se passe, faites-le revenir vers vous en l'attirant avec une friandise.

(3) Recommencez à marcher. S'il reste à côté de vous, « cliquez-récompensez » et félicitez-le oralement.

• Quand votre chien tire sur sa laisse, résister à la tentation de tirer vous aussi dessus, car il réagira en tirant encore plus fort.

• **Lui offrir des friandises et le féliciter seulement si la laisse est détendue.** La simultanéité est essentielle : si vous tardez trop et lui offrez une friandise quand il tire sur sa laisse (pour l'encourager à ne pas agir ainsi), il réagira peut-être en accélérant le pas puis reviendra vers vous pour obtenir sa récompense. Même chose quand vous le félicitez oralement : assurez-vous qu'il a agi correctement avant de lui dire **« Bon chien ».**

• Si votre chien a du mal à apprendre la marche au pied, commencez par des **séances très brèves.** Marchez sur une courte distance puis revenez. Dès que vous constatez une amélioration, augmentez la distance.

Conseil malin Évitez de crier **« Au pied »** à chaque fois que votre chien tire sur sa laisse. Excepté si vous lui avez déjà appris que la commande **« Au pied »** est associée à la marche à vos côtés au bout d'une laisse détendue, il comprendra d'abord **« Tire »,** c'est-à-dire l'inverse. D'où l'importance d'être bien synchronisé.

Avec un petit chien, penchez-vous lorsque vous lui donnez la friandise, pour éviter qu'il ne saute.

(4) Une fois que votre chien s'est bien dépensé en courant et en jouant, il est prêt pour sa séance de marche au pied. Remettez-lui sa laisse et demandez-lui de s'asseoir à côté de vous.

(5) Dites son nom pour attirer son attention, puis avancez d'un ou deux pas. S'il marche à vos côtés, dites « Au pied » puis « cliquez-récompensez » immédiatement et félicitez-le oralement.

Grand chien ou chien puissant ? Parfois une laisse et un collier ne suffisent pas pour contrôler un chien lors de certains exercices, surtout s'il est grand ou puissant. Il existe des outils de dressage plus performants comme les licols et les harnais qui fournissent une attache à la laisse plus sécurisante. Un harnais, avec ses cinq points d'ajustement, est quasi impossible à retirer. Comme il se met autour du corps et par conséquent répartit le poids de la traction sur les parties les plus résistantes de l'anatomie de l'animal, les risques de blessure sont considérablement réduits. De plus, selon l'endroit où la laisse est attachée, il peut offrir plus de contrôle. Il vous permettra de mieux guider votre animal et de réduire le poids de sa traction. Le licol, ou muselière de dressage, est très efficace pour apprendre à votre chien à marcher au pied puisqu'une légère traction de la laisse suffit pour détourner son attention. Une laisse à double extrémité est un bon moyen d'obtenir un meilleur contrôle : attachez une extrémité au harnais ou au licol et l'autre au collier. Vous « conduirez » mieux votre chien et le dissuaderez de faire des mouvements brusques.

Un harnais de dressage se compose d'un collier et de deux sangles. Celles-ci passent sous les pattes avant et sont attachées à votre laisse, ce qui vous permet de bloquer votre chien au niveau de son poitrail en exerçant une légère traction sur la laisse ; ainsi, il sera stoppé dans son élan sans être étranglé.

Une laisse à double extrémité permet d'exercer un meilleur contrôle sur des chiens puissants.

Un licol, ou muselière de dressage, dissuade le chien de tirer puisqu'il suffit d'exercer une légère traction sur sa laisse pour détourner son attention.

Promenade avec poussette

Si vous possédez un chien puissant et devez le promener en même temps que votre bébé en poussette, pensez au licol ou au harnais. Sinon, une laisse mains libres, ou une laisse-ceinture de jogging, permet une attache directement à la taille ; comme son nom l'indique, vous avez les mains libres pour tenir la poussette.

Si votre chien a tendance à réagir en croisant un congénère, pensez à enclencher le frein de la poussette à son approche. Écartez-vous de la poussette afin de ne pas mettre le bébé en danger si les deux animaux se heurtent ou se sautent dessus. Captez l'attention de votre chien et félicitez-le pour avoir gardé son sang-froid.

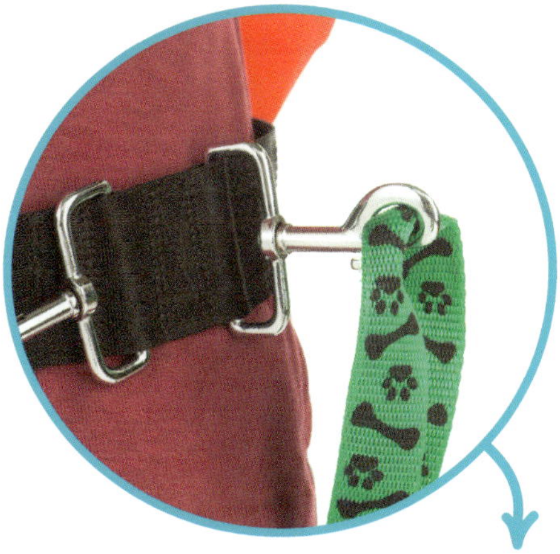

Si vous avez besoin d'avoir les deux mains libres, pour une poussette par exemple, une laisse-ceinture de jogging est un accessoire très pratique qui s'attache directement à la taille à l'aide d'un mousqueton.

Récompensez-le par une friandise s'il reste près de vous et ignore le chien qui passe.

S'asseoir et attendre avant de traverser

Apprenez à votre chien à s'arrêter, s'asseoir et attendre d'avoir le feu vert pour traverser une rue. La maîtrise de cet exercice lui évitera peut-être un accident s'il échappe un jour à votre surveillance et se retrouve seul dans la rue ; il marquera une pause qui laissera le temps au conducteur du véhicule de freiner si besoin.

Les gros chiens, comme cet akita, sont extrêmement puissants. S'il tirait subitement sur votre main, il pourrait renverser la poussette.

Vous pouvez garder les deux mains libres pour la poussette en tenant votre chien par une laisse directement attachée à une ceinture passée autour de votre taille.

Le bébé est en sécurité dans sa poussette, bien attaché et hors de portée des chiens.

Si vous sentez que votre chien peut réagir à l'approche d'un autre chien, arrêtez-vous, écartez-vous de la poussette et essayez de retenir son attention le temps que l'autre chien s'éloigne.

En voiture avec votre chien

Vous aurez souvent l'occasion d'emmener votre chien en voiture avec vous, pour rejoindre un lieu de promenade agréable par exemple ou aller faire des courses. Il est préférable qu'il ait une bonne maîtrise de la marche au pied, cela vous facilitera la tâche. Demandez-lui de **s'asseoir** en quittant la maison pour lui signifier qu'il doit se concentrer avant de sauter dans la voiture.

Passager bruyant Beaucoup de chiens deviennent particulièrement agités dès qu'ils montent dans une voiture et manifestent leur nervosité en aboyant. Votre chien peut être inquiet de se retrouver enfermé ou avoir peur de quelque chose à l'extérieur du véhicule. Essayez de repérer à quel moment le problème a commencé, observez son comportement et vérifiez s'il répond à vos ordres.

Un chien doit toujours être en sécurité lorsqu'il voyage. Certains maîtres utilisent systématiquement une cage de transport installée à demeure dans la voiture. Cette solution évite les déplacements en cours de voyage et aussi les sorties intempestives dès l'ouverture d'une porte. Rendez ce lieu accueillant en y mettant quelques friandises ainsi qu'un jouet. Si besoin, couvrez la cage d'un tissu occultant pour limiter les distractions visuelles susceptibles d'exciter l'animal.

Une autre solution : le harnais de sécurité. Spécialement conçu pour se fixer dans l'attache d'une ceinture de sécurité, il permet au chien de rester tranquillement assis à l'arrière du véhicule.

Il est recommandé d'habituer votre chien à porter un harnais avant de le faire voyager en voiture. Avant de démarrer, assurez-vous que le harnais est correctement installé afin qu'il ne risque pas de se détacher en cours de route.

« Bon chien » Chaque fois que votre chien voyage en voiture, rappelez- vous qu'il faut toujours l'encourager pour qu'il se comporte le mieux possible. Félicitez-le oralement et demandez à vos passagers de lui offrir une récompense lorsqu'il se tient tranquille. S'il aboie, ne le disputez pas ; il penserait que vous voulez vous joindre à lui et s'exciterait encore plus. Résistez à la tentation !

Un harnais de sécurité, qui se fixe dans l'attache des ceintures de sécurité de la voiture, permet de maintenir votre chien assis à l'arrière du véhicule.

Afin de renforcer certains acquis, demandez à votre chien de s'asseoir avant de le faire monter dans la voiture.

Si votre chien est handicapé ou blessé, une rampe peut s'avérer utile pour monter et descendre de voiture.

Une cage de transport est une excellente solution pour faire voyager votre chien en toute sécurité. De plus, il ne risquera pas de vous déranger pendant que vous conduisez.

Si vous prévoyez un long voyage, pensez à glisser un jouet garni de nourriture dans la cage de transport pour occuper votre chien.

Ce jouet à mâchouiller peut être garni de friandises.

Même si cette image nous est familière, ce n'est pas un exemple à suivre. Pour éviter tout risque d'accident, les chiens doivent voyager en étant attachés.

Bien arrivés à destination !

Si votre chien jappe d'excitation lorsqu'il arrive sur le lieu de sa promenade, restez assis dans la voiture. Lorsqu'il s'arrête, cliquez et récompensez-le immédiatement, ouvrez votre porte et sortez. Si vous ne supportez pas de rester dans la voiture avec un chien bruyant ou s'il arrête d'aboyer lorsque vous sortez, restez quelques minutes près du véhicule sans le regarder avant d'ouvrir la porte. Il doit comprendre que la promenade commencera uniquement s'il se tient tranquille. Sachez qu'il ne faut jamais laisser longtemps un chien dans une voiture lorsqu'il fait chaud. Pour pratiquer cet exercice, garez-vous à l'ombre et baissez les vitres.

Conseil malin Si votre chien est surexcité, tenez-le en laisse en début de promenade pendant une dizaine de minutes.

Les chiens et les chiots nerveux mettent souvent plus de temps à s'habituer aux trajets en voiture, surtout s'ils ont vécu une expérience stressante pendant la promenade. Si la rencontre d'autres personnes ou d'autres chiens a tendance à inquiéter votre chien, celui-ci risque de s'angoisser dès qu'il monte en voiture, car il imagine que cette situation va se produire. Essayez de prévoir des balades dans des endroits peu fréquentés ou bien avec des personnes connues, jusqu'à ce qu'il se sente suffisamment en confiance.

N'ouvrez jamais le coffre si votre chien aboie d'excitation à l'idée de la promenade. Récompensez-le uniquement s'il reste tranquille.

Vive la liberté !

Lorsque vous arrivez au parc, ne laissez pas tout de suite votre chien gambader sans laisse, pendant que vous bavardez ou faites autre chose. Pensez aux autres promeneurs qui n'apprécieront peut-être de voir un chien livré à lui-même s'ébattre autour d'eux, sans parler des autres chiens. En outre, si vous ne le surveillez pas, vous ne pourrez pas ramasser ses déjections – beaucoup de parcs sont désormais interdits aux chiens à cause du comportement irresponsable

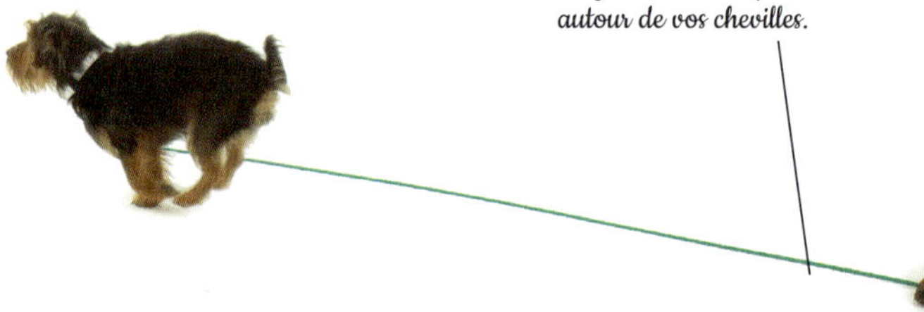

Pour réduire la liberté de mouvement de votre chien, il vous suffit de raccourcir la longe en la bloquant avec votre pied.

Veillez à ce que la longe ne s'enroule pas autour de vos chevilles.

des maîtres qui enfreignent la loi en ne nettoyant pas derrière leur chien.

Lorsque vous pénétrez dans un parc ou un espace vert public, continuez vos exercices de dressage avec laisse pendant une dizaine de minutes.

Puis, lorsque vous jugez que c'est le bon moment, demandez à votre chien de **s'asseoir**. Détachez sa laisse (photo ci-dessous) en tenant son collier d'une main pour l'empêcher de s'échapper. Relâchez doucement votre emprise et dites-lui **« Allez, vas-y »** pour lui signifier qu'il est libre d'aller jouer.

Si votre chien n'a pas encore appris à revenir vers vous ou s'il a l'habitude d'embêter les gens et les autres chiens, utilisez plutôt une longe (longue laisse) ; vous pourrez poursuivre son entraînement sans craindre de le voir s'échapper ou sauter sur quelqu'un. S'il ne revient pas volontiers vers vous, ne le tirez pas vers vous, car il se sentira stressé et n'aura pas envie de vous obéir. Tenez la longe et feignez de jouer tout seul, de vous intéresser à quelque chose par terre ou dans votre sacoche, ou bien commencez à marcher dans une autre direction. Lorsque votre chien décide de s'approcher, félicitez-le afin qu'il comprenne que c'était le bon choix.

Poursuivez l'entraînement en lui montrant une friandise qu'il aime mais ne la lui donnez pas. Attendez quelques minutes jusqu'à ce qu'il se concentre sur autre chose, puis appelez-le d'une voix enjouée et offrez-lui immédiatement la récompense pour lui faire comprendre qu'il s'est bien conduit cette fois-ci.

Conseil malin Si votre chien a tendance à se montrer agressif, gardez-le en laisse. Si vous utilisez une longe, veillez à ce qu'elle ne s'enroule pas autour des jambes d'autres personnes ou des pattes de leurs chiens.

Une longe vous permet de mieux surveiller votre chien s'il n'obéit pas encore très bien au rappel.

Comportez-vous en personne responsable, ne laissez pas votre chien faire ses besoins n'importe où ou bien ramassez ses déjections dans un sachet et jetez-les à la poubelle.

Il est important de ne pas utiliser la longe pour obliger votre chien à revenir vers vous en tirant dessus. Appelez-le et incitez-le à venir en lui montrant un jouet ou une friandise. Récompensez sa volonté d'obéir.

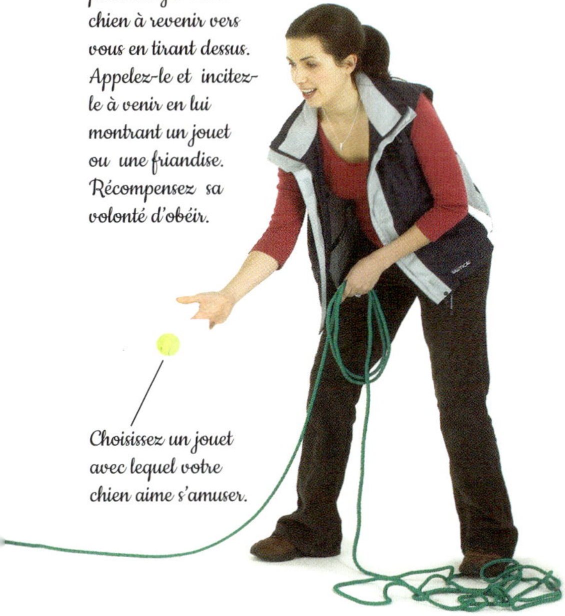

Choisissez un jouet avec lequel votre chien aime s'amuser.

Une fois qu'il est revenu près de vous et vous regarde, félicitez-le d'avoir été un « Bon chien ». Ensuite, montrez-lui une friandise sans la lui donner. Votre objectif est de cliquer-récompenser la bonne réponse à la commande de rappel ; par conséquent, attendez quelques instants puis rappelez-le lorsqu'il s'intéresse à autre chose. S'il vient volontiers vers vous, « cliquez-récompensez ».

Si votre chien aime bouger, adoptez une attitude dynamique afin de le stimuler. Parlez-lui d'une voix enjouée, soyez enthousiaste lorsqu'il court vers vous, proposez-lui un jouet qu'il aime et jouez avec lui. Courez dans plusieurs directions pour l'inciter à vous suivre. Si vous vous promenez avec un autre membre de la famille, choisissez un jeu dans lequel vous appelez le chien ou dans lequel vous vous cachez chacun à votre tour.

Conseil malin Si votre chien aime les sons aigus, mettez un jouet sonore dans votre poche à utiliser en cas d'urgence. S'il est distrait lorsque vous aimeriez qu'il réponde rapidement, pressez le jouet une ou deux fois. Dès qu'il lève la tête, soyez enthousiaste, activez-vous et courez même dans une autre direction. Il se mettra sûrement à courir pour jouer avec vous. N'abusez pas de cette technique car elle perdrait de son efficacité.

Cooky viens ici ! Cooky viens ici ! Cooky !

Ne prenez pas la mauvaise habitude d'appeler votre chien à plusieurs reprises dans le fol espoir qu'il finira par vous prêter attention. S'il vous ignore parce qu'il est absorbé par quelque chose de plus intéressant, vous perdez votre temps et lui apprenez plutôt à ignorer votre appel. Commencez l'entraînement au rappel dans des lieux peu fréquentés puis, une fois qu'il répond favorablement, vous pouvez renforcer ce dressage dans des situations plus délicates où les distractions sont nombreuses et variées.

Dressage au sifflet

Certaines personnes ont recours au sifflet pour mieux apprendre à leur chien à revenir sur commande. Cependant, pour que le chien sache ce que signifie le son du sifflet, il faut l'éduquer à associer ce son à l'arrivée d'une récompense.

• Commencez ce travail chez vous, un lieu où les distractions sont moindres.

• Préparez votre pochette à friandises ou une gamelle de croquettes. Captez l'attention de votre chien, puis sifflez et offrez-lui **immédiatement** une friandise ou des croquettes. Répétez l'exercice plusieurs fois.

Entraînez-le au rappel par le biais du jeu. Courez dans une autre direction ou bien allez vous cacher quelque part.

En cas d'urgence, les jouets sonores se révèlent très utiles. Si votre chien part en trombe dans la direction opposée, sortez le jouet de votre poche et pressez-le une ou deux fois.

Les chiens adorent jouer à cache-cache.

• Demandez à une autre personne de tenir votre chien à l'autre bout de la pièce. Attirez-le avec une friandise et partez en courant. Votre aide doit être prêt à lâcher le chien dès que vous sifflez. Félicitez-le avec enthousiasme s'il réagit de manière satisfaisante et récompensez-le dès qu'il arrive. Entraînez-le autour de la maison ou dans le jardin puis pendant les promenades.

• Faites des séances de « dressage au sifflet » dès que vous avez quelques minutes de libres dans la journée ou avant les repas. Plus vous passerez de temps à associer le son et la récompense, meilleure sera la réaction de votre animal.

Conseil malin Évitez de siffler trop fort à l'intérieur car un son strident risque de dérouter votre chien. Rangez le sifflet hors de portée des enfants qui pourraient être tentés de l'utiliser trop souvent et rendraient donc son usage moins efficace.

Choisissez un jouet solide qui émet un son aigu.

Dès qu'il vous a repéré, détournez-vous et courez dans une autre direction. Il doit se précipiter vers vous pour récupérer le jouet. Vous avez repris le contrôle de la situation.

(1) Commencez le dressage au sifflet en associant le son à l'arrivée de la nourriture.

(2) La prochaine étape consiste à demander à quelqu'un de tenir votre chien pendant que vous courez dans la direction opposée. Attirez-le avec une friandise puis sifflez ; au même moment, votre aide doit lâcher le chien.

(3) Récompensez-le dès qu'il arrive. Un lien a été établi entre le son du sifflet, l'action de courir vers vous et la remise d'une récompense. Continuez à vous entraîner afin de conforter votre réussite.

1

Il aura envie de venir vers vous.

2

Tendez toujours la main qui tient la friandise.

3

« Bon chien ! Voilà ta friandise. »

Les chiens doivent, eux aussi, apprendre les bonnes manières. Demandez à votre chien de s'asseoir lorsque vous saluez une autre personne.

L'autre personne caressera le chien uniquement si celui-ci reste assis.

Les règles sociales

Un chien bien éduqué s'assied lorsque son maître rencontre quelqu'un. Comme les chiens ne respectent pas tous spontanément cette règle, renforcez son apprentissage le plus souvent possible. Apprenez-lui à obéir à l'ordre **« Assis »** à la maison avant de l'entraîner à l'extérieur. Demandez à la personne que vous rencontrez d'attendre que le chien soit assis pour le saluer en lui tapotant la tête ou lui offrir une friandise. Certaines personnes ne s'offusquent pas de voir un chien les accueillir en leur sautant dessus, mais d'autres n'apprécient pas et peuvent se plaindre si votre chien a sali leurs vêtements ou les a fait tomber. Le plus simple est d'apprendre à votre chien à **s'asseoir** systématiquement lorsque vous rencontrez une personne, même si celle-ci ne lui manifeste aucun intérêt.

Lorsque des amis vous rendent visite ou lorsque vous rencontrez d'autres propriétaires de chiens, demandez-leur de consacrer quelques minutes à édu-

EXERCICE

Pour habituer votre chien à l'essuyage, touchez l'arrière d'une de ses pattes et « cliquez-récompensez » dès qu'il la lève.

Une fois qu'il est habitué à lever la patte à la demande, introduisez l'usage de la serviette. Continuez à le récompenser d'une friandise s'il reste tranquille et ne se rebelle pas.

quer votre chien à s'asseoir à l'approche de quelqu'un. Si votre chien s'est longuement entraîné avec vous, il le fera très volontiers avec une autre personne.

Conseil malin Si votre chien est trop excité et **ne s'assied pas, emmenez-le à l'écart** pour regagner son attention. Demandez-lui de **s'asseoir** plusieurs fois de suite et récompensez-le chaudement afin qu'il se rappelle que cet effort lui vaut des compliments. Puis revenez vers votre ami et réessayez. Pour que l'expérience réussisse, ce dernier doit rester tranquille et ne pas interagir avec votre chien.

Pattes sales

Après la promenade, votre chien risque d'avoir les pattes et les poils sales. Habituez-le à se laisser laver/essuyer même si vous utilisez une vieille voiture ou si vous protégez les sièges ou le coffre avec un tissu. Pensez à l'avenir : si vous devez un jour le faire garder par un ami ou si vous achetez une nouvelle voiture, il sera indispensable qu'il ait les pattes propres.

Mettez toujours une ou deux serviettes éponge usagées dans votre voiture ou près de la porte d'entrée afin de les avoir sous la main le moment venu.

Demandez à votre chien de se mettre **« Debout »,** puis touchez doucement l'arrière d'une de ses pattes pour l'inciter à la lever. **« Cliquez-récompensez » au moment où il obéit** pour lui signifier qu'il a bien réagi. Essuyez sa patte avec la serviette et **« cliquez-récompensez » de nouveau.** Si vous êtes deux, procédez comme suit : l'un de vous l'essuie tandis que l'autre « clique et récompense » pour lui faire lever les pattes. Si votre chien a les pattes sensibles, passez plus de temps à associer votre toucher à l'attribution d'une récompense. Touchez brièvement sa patte puis « cliquez-récompensez ». Augmentez le laps de temps écoulé entre le moment où vous touchez la patte et l'émission du « clic ». Restez calme et travaillez sur chaque patte en le récompensant et le félicitant au fil de votre progression.

Si votre chien craint d'être essuyé ou se salit beaucoup, pensez à équiper votre véhicule de bâches protectrices, puis laissez-le se sécher à la maison dans sa niche ou dans un endroit sans tapis ni moquette.

Il risque d'être très mouillé s'il a beaucoup plu pendant la promenade. Alors que certains apprécient d'être séchés de la tête aux pieds, d'autres sont très inquiets dès que la serviette leur couvre la tête. Procédez avec précaution ; ce moment qui marque la fin de la promenade doit être ludique. Vous serez probablement un peu mouillé vous aussi !

La prochaine étape consiste à habituer votre chien à laisser frictionner tout son corps. Procédez avec précaution pour la tête et les oreilles.

Continuez à éduquer votre chien à se tenir tranquille pendant l'essuyage afin que cette habitude soit parfaitement acquise.

Seul à la MAISON

La plupart des maîtres doivent un jour se résoudre à laisser leur chien seul à la maison. Pour éviter tout incident fâcheux, il est indispensable d'anticiper en apprenant à votre animal à rester seul.

Préparez votre absence

Où laisser votre chien ? Un maître dont le chien (ou le chiot) a déjà eu des problèmes d'anxiété ou de mordillement liés à la séparation sait qu'il est important de laisser l'animal dans un endroit sûr. Mettez à l'abri les objets petits, fragiles, dangereux ou attractifs. Couvrez les câbles électriques. Jetez un œil autour de vous et essayez d'imaginer où votre chien aura l'idée de grimper pendant votre absence. Si vous ne pouvez pas lui dédier un espace spécifique ou si ce dernier est enclin à faire des bêtises, envisagez d'utiliser une grande niche d'intérieur ou un abri. Comme il va devoir

1

(1) Les grandes baies vitrées permettent au chien d'avoir une vue sur son environnement. L'inconvénient est qu'il risque d'aboyer dès que quelqu'un passe à proximité. Pour parer à toute éventualité, il est conseillé de lui en empêcher l'accès.

(2) Alors qu'une cuisine ou une buanderie peut sembler un endroit idéal pour laisser un chien seul à la maison, pensez qu'il peut être effrayé par le bruit d'un lave-linge ou d'un réfrigérateur.

(3) Les abris spacieux, équipés d'une panière confortable et de jouets sont des endroits accueillants où votre chien se sentira en sécurité lorsque vous vous absenterez de la maison.

2

3
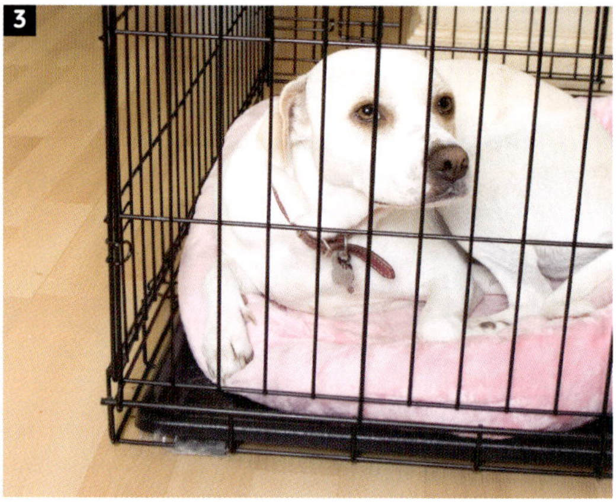

y séjourner un certain temps, habituez votre chien à s'y installer quand vous êtes avec lui à la maison. De préférence, placez la niche à distance des fenêtres et des portes vitrées pour éviter les risques d'aboiements intempestifs dès que quelqu'un passe.

Essayez de ne pas laisser votre chien dans un espace confiné pendant qu'un lave-linge, un lave-vaisselle ou un autre appareil électroménager est en marche. Les sons qu'ils émettent peuvent l'inquiéter et l'inciter à s'échapper. L'animal risque même de développer une hypersensibilité au bruit. Les diverses alarmes destinées à nous rappeler qu'il faut mettre les appareils hors tension sont parfois trop fortes pour les chiens, qui ont une ouïe très développée.

Que laisser pour votre chien ? Beaucoup installent leur chien dans la buanderie ou la cuisine, car ce sont les pièces les moins encombrées d'articles fragiles susceptibles d'être endommagés. Cependant, elles ne sont pas très attrayantes. Imaginez-vous passer une journée entière dans un petit espace sans rien faire ! Et quelle serait votre réaction en sortant si vous voyez du monde ? En compensation, vous chercheriez à dépenser votre énergie, à bavarder avec les gens autour de vous, à manger. Vous seriez aussi peut-être de mauvaise humeur à cause des frustrations éprouvées dans la journée. Habituellement, nous vous recommandons de ne pas penser qu'un chien ressent les choses de la même façon que vous, mais, dans ce cas précis, c'est une bonne manière de procéder pour comprendre comment votre chien peut réagir après être resté seul livré à lui-même pendant un certain temps.

Réservez à votre animal un lieu confortable pour se reposer avec quelques jouets pour se divertir. Un chien qui s'ennuie peut se mettre à aboyer, mordiller tout ce qui se trouve à sa portée. Les fabricants de jouets insistent sur le fait que les maîtres doivent surveiller leur chien pendant qu'ils s'amusent. Bien sûr, une fois que vous connaissez bien le comportement de jeu de votre chien, vous pouvez envisager de le laisser seul avec des jouets à mâcher ou de grosses balles, tout ce qui ne risque pas d'être avalé convient parfaitement.

Conseil malin Préparez à l'avance un jouet gourmand (garni de friandises) pour le donner à votre chien si vous devez sortir à l'improviste.

Les chiens qui restent seuls sans jouet pour se divertir ont tendance à mâchouiller tout ce qu'ils trouvent.

Il est important que votre chien ait un endroit bien à lui, où il se sente à l'aise pour se reposer. Mais comme il ne dormira pas toute la journée, pensez à lui laisser quelques gros jouets résistants à mâcher pour qu'il puisse se distraire.

Surtout ne vous mettez pas en colère si vous vous rendez compte que votre chien a fait des bêtises pendant votre absence, car il n'associera pas votre réaction à l'incident qu'il a provoqué.

Cette balle libère des friandises en roulant.

Prenez le temps de préparer votre absence avant de partir. Laissez une gamelle d'eau et quelques jouets à sa disposition. Assurez-vous que son panier est prêt à l'accueillir.

Quand allez-vous revenir ? Si vous quittez la maison pour une durée supérieure à cinq heures, ou si votre chien est incapable de rester seul ou propre pendant d'aussi longues périodes, demandez à un voisin, un ami ou un promeneur de chiens de sortir votre animal.

Votre manière d'agir à votre départ et à votre retour influencera beaucoup le comportement de votre chien. Évitez les adieux prolongés. En lui accordant une attention excessive avant de partir, vous augmenterez le contraste entre les moments où vous êtes présent et ceux où vous êtes absent. Laissez un récipient rempli d'eau et des jouets à proximité puis partez discrètement. À votre retour, n'ignorez pas votre chien, mais, s'il se montre trop exubérant ou particulièrement collant, ne soyez pas trop démonstratif. Ne le saluez pas avant d'avoir ôté votre manteau et vos chaussures. Demandez-lui d'aller chercher un jouet pour l'occuper et attendez qu'il se calme, avant de lui dire bonjour en le caressant.

Résolution immédiate de problèmes

Aïe, aïe, aïe ! À votre retour, vous constatez quelques dégâts ! Votre **réaction immédiate** est importante : faites preuve de sang-froid. Vous n'améliorerez pas la situation en vous mettant en colère ou en le punissant. En fait, vous ne feriez que l'aggraver. Dorénavant, votre

1

(1) Lorsque vous êtes prêt, mettez votre manteau et sortez de la maison comme si de rien n'était. S'il est occupé avec ses jouets ou somnole dans son panier, il ne fera pas cas de votre départ.

chien risque de s'angoisser en attendant votre retour, de faire ses besoins n'importe où ou bien de mordiller n'importe quoi.

Inspirez profondément et soyez calme ! Si possible, mettez votre chien dans le jardin ou dans une autre pièce pendant que vous évaluez les dégâts.

A-t-il volé quelque chose de comestible ? Dans ce cas, laissez-lui plusieurs jouets gourmands la prochaine fois que vous partez. Fermez bien la poubelle ainsi que les placards et le réfrigérateur afin d'éviter toute tentative d'incursion.

A-t-il abîmé un objet qui vous appartient ou l'encadrement de la porte ou des fenêtres ? Si tel est le cas, il souffre d'une carence affective ou quelque chose l'angoisse lorsqu'il est à l'intérieur et l'incite à s'échapper. Pour traiter son anxiété, adressez-vous à un spécialiste du comportement canin.

A-t-il mordillé des objets au hasard dans différents lieux ? Si oui, il a agi ainsi par ennui. Avant de partir, sortez-le pour qu'il se dépense et laissez-lui de quoi s'occuper. Faites appel à un promeneur de chiens, si besoin, qui viendra le sortir pendant la journée et lui fera faire de l'exercice.

Conseil malin Les produits pour chiens à base de phéromones peuvent aider votre chien à se détendre lorsqu'il est seul. Ce sont des copies synthétiques des phéromones produites par les chiennes qui allaitent. Elles ont un effet apaisant sur les chiots et les chiens adultes stressés et sont efficaces pour supprimer les comportements destructeurs liés à l'anxiété. Insérés dans un diffuseur qui se branche dans les prises électriques, ils sont libérés progressivement dans l'air ambiant ; on peut également les vaporiser dans l'habitacle d'un véhicule ou dans une cage de transport.

2

(2) Ne répondez pas à un chien qui cherche à attirer votre attention en vous sautant dessus.

3

(3) Lorsque vous rentrez chez vous, surveillez vos réactions, ne soyez pas démonstratif. Évitez d'exciter votre chien en le saluant avec trop d'empressement. Prenez le temps de poser votre manteau et vos affaires avant de vous occuper de votre chien.

4

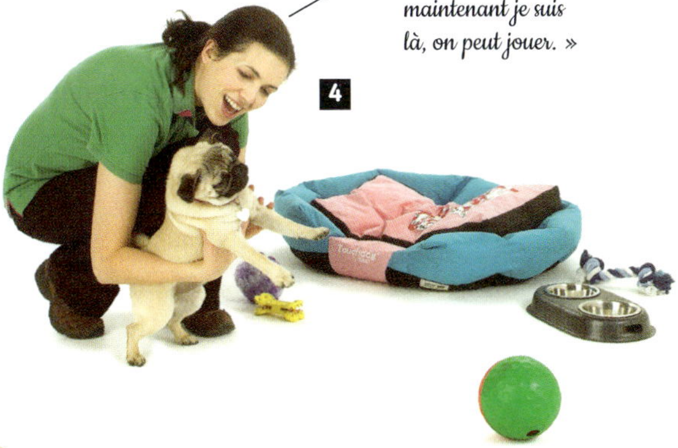

(4) Lorsque vous êtes prêt, dites-lui bonjour et montrez-lui que vous êtes content de le retrouver. En agissant ainsi, vous instaurez une routine qui rend votre cohabitation plus harmonieuse.

À l'heure DU JEU

Les moments consacrés au jeu doivent être synonymes de détente. Par nature, les chiens sont des animaux joueurs, mais ils ne connaissent pas forcément les règles des jeux imaginés par l'homme.

Le jeu au quotidien

Si possible, consacrez beaucoup de moments au jeu lorsque vous êtes avec votre chien. C'est un excellent moyen pour lui de se défouler après une séance de dressage intense, et pour vous de le récompenser quand il s'est particulièrement bien comporté. Pour le chien comme pour le maître, le jeu doit être un divertissement qui contribue à renforcer le lien qui les unit.

Vous choisirez les jeux en fonction de votre type de chien et de son tempérament. Prenez le temps de connaître les instincts naturels de votre animal pour savoir quels jeux seraient susceptibles de l'intéresser et ceux qu'il serait utile de répéter quotidiennement.

Allez jeter un œil sur votre liste de règles à respecter pour le bon fonctionnement de la maison, puis notez les comportements que vous souhaitez encourager et ceux

1

2

(1) L'éventail de jeux est relativement varié. Certains nécessitent une simple balle et d'autres, très élaborés, une batterie d'accessoires. Tout dépend du temps et de l'énergie que vous souhaitez consacrer à chaque activité ludique.

(2) Tous les chiens n'apprécient pas d'être chahutés ainsi.

qui vous paraissent inadéquats. La condition physique de votre chien vous aidera à décider quels sont les jeux les mieux adaptés. Voici quelques recommandations :

Les jeux incitant le chien à mordiller le visage, les mains, les pieds ou les vêtements sont à proscrire Tout jeu, qui conduit votre chien à ouvrir la gueule et, qui sait, à user de ses dents, est potentiellement dangereux. La morsure inhibée (savoir appliquer ses dents en douceur sur une personne ou un autre chien de façon à ne pas le blesser ou provoquer sa colère) est parfois difficile à tenir ; si le chien joue avec une personne étrangère à son cercle d'habitués ou avec un jeune enfant, les conséquences peuvent être catastrophiques. Si votre chiot ou votre chien saisit votre vêtement ou une partie de votre corps ente ses dents, stoppez **immédiatement** le jeu, puis éloignez-vous pour lui montrer que l'arrêt du jeu est directement lié à son comportement. Pour que votre chien comprenne cela, vous devez réagir **immédiatement.** Si vous sentez qu'il est tenté de recommencer, redirigez son attention sur un jouet et félicitez-le.

Jouez à des jeux de résistance ou de lutte uniquement si vous en avez décidé ainsi Ces jeux sont parfaits, sauf si vous êtes en train d'essayer de reprendre à votre chien un objet qu'il vous a volé ou si vous jouez à **« Va chercher »** et que vous voulez qu'il vous rende le jouet. L'animal met parfois longtemps à comprendre la notion d'échange. S'il commence à tirer, ne bougez pas votre main et gardez-la près du corps. Cette attitude apaisera son excitation et l'incitera à lâcher prise. Félicitez-le dès qu'il abandonne le jouet.

(1) Les enfants aiment chahuter avec leur chien et privilégient des jeux dynamiques. Des comportements désordonnés favorisent souvent l'apparition de mauvaises habitudes. Interdisez les mordillements des membres ou du visage susceptibles de provoquer des accidents.

(2) Le combat ludique apprend aux chiots à ne pas mordre pendant le jeu (inhibition de la morsure) ; le chien mordu crie et le chien mordeur, conscient de l'effet de sa morsure, va l'inhiber pendant les séances de jeu.

(3) N'incitez pas votre chien à jouer à des jeux de lutte ou de résistance si vous êtes réticent à y prendre part. Lorsque votre chien refuse d'abandonner un jouet, vous devez lui apprendre à l'échanger contre un autre, au lieu de lui enlever par la force.

3

2

1

Les jeux chiens-enfants doivent être supervisés par un adulte Un enfant ne doit jamais ni lutter physiquement avec un chien ni essayer de le contenir. De même, il faut éviter de le laisser porter un petit chien dans les bras sans raison aucune. En apprenant à votre enfant à jouer correctement avec un chien et à respecter son espace, vous vous épargnerez bien des problèmes. Sachez que les enfants sont loin d'être experts pour reconnaître les signaux canins et identifier certains comportements ; à vous de faire en sorte que la situation ne s'envenime pas.

Il est normal que votre chien joue avec sa gueule mais, s'il ne sait pas encore inhiber sa morsure ou s'il commet une erreur dans le feu de l'action, il peut aisément blesser son partenaire. À l'image des enfants qui se frappent mutuellement lorsqu'ils se mettent en colère, il va corriger son compagnon de jeu en prenant son museau dans sa gueule. Interrompez le jeu avant d'en arriver à ce stade et proposez-lui de jouer à **« Va chercher »** par exemple ou à cache-cache.

Le chien est loin d'être ravi. Les enfants ont du mal à comprendre le langage corporel d'un chien, notamment lorsqu'il exprime le mécontentement.

Va chercher !

Certains chiens partiront naturellement à la poursuite d'un jouet ou d'un objet qui bouge et vous le rapporteront, mais la plupart auront besoin d'être encouragés. Vous pouvez apprendre ce jeu à votre chien dans votre salon ou votre jardin.

- Préparez quelques jouets qu'il aime bien mais qu'il n'essaie pas de vous empêcher de toucher. S'il a tendance à s'enfuir avec le jouet, accrochez une longe à son collier.
- Commencez par le taquiner un peu avec le jouet puis lancez-le à une distance raisonnable ou faites-le rouler sur le sol.
- Lorsqu'il le ramasse, félicitez-le puis réagissez avec enthousiasme pour l'inciter à vous le rapporter.
- Il est important d'attribuer la récompense au moment idoine. Si vous offrez les friandises trop tôt, votre chien lâchera probablement le jouet en revenant vers vous. Si vous ne le récompensez pas dès qu'il arrive, il ne se dérangera peut-être pas la prochaine fois.
- N'attrapez jamais le jouet. Offrez-lui plutôt une friandise d'une main et récupérez le jouet dans l'autre. Dites-lui **« Bon chien »** et donnez-lui **immédiatement** la friandise.
- Soyez prêt à échanger le jouet contre un autre, si votre chien s'intéresse particulièrement aux jouets. Certains chiens sont passionnés par le jeu, quel que soit le jouet. Proposez-lui le même jeu avec différents jouets et dans différents endroits.
- Jouez pendant quelques minutes puis proposez une autre activité ludique. En effet, au bout de quelques répétitions, le chien peut se lasser ; il refuse de rapporter le jouet ou bien ne va même pas le chercher.

Conseil malin Beaucoup de chiens ont tendance à lâcher le jouet dès qu'ils repèrent la friandise. Évitez de vouloir saisir le jouet dans la gueule de votre chien. Prenez le temps de le féliciter puis récupérez le jouet dans une main tandis que vous lui offrez une friandise avec l'autre. **À l'instant même** où il lâche le jouet, vous pouvez lui dire **« Donne »** et offrir la friandise.

EXERCICE

Choisissez un jouet que votre chien apprécie particulièrement et qu'il aura envie d'aller chercher.

(1) Au début, lancez-le à quelques centimètres seulement pour qu'il comprenne le jeu.

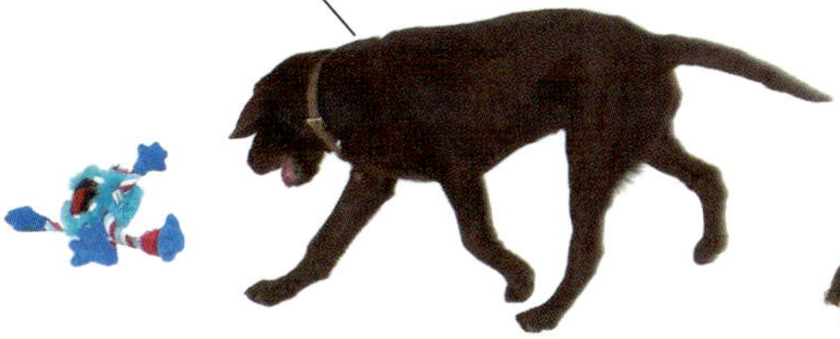

1

2

(2) Lorsqu'il prend le jouet dans sa gueule, félicitez-le – dites-lui « Bon chien », par exemple – et adoptez une attitude avenante et joyeuse pour l'inciter à vous le rapporter.

3

(3) Lorsque vous jouez à « Va chercher » avec un chiot, ne lancez pas le jouet trop loin. Commencez en faisant rouler une balle ou en jetant un jouet à quelques centimètres de vos pieds.

Offrez-lui la friandise dès qu'il a lâché le jouet.

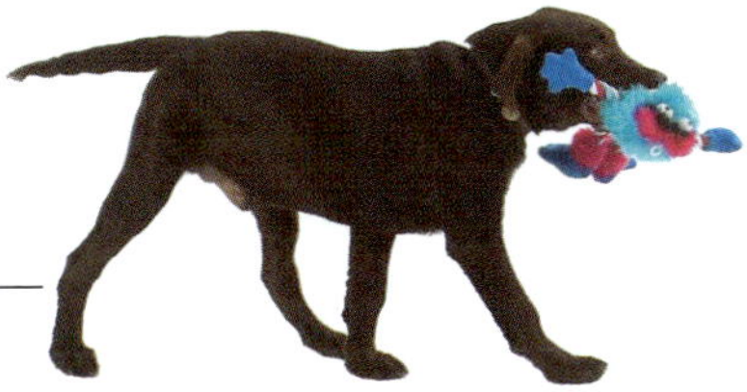

Continuez à encourager votre chien sur le chemin du retour afin qu'il ne se déconcentre pas.

Attendez, parlez avec une voix douce et gardez le sourire. Il finira par lâcher le jouet et vous pourrez le récompenser. La prochaine fois, il obéira plus vite.

Récompensez votre chien dès que vous avez récupéré le jouet.

4

(4) Certains chiens préfèrent changer de jouet à chaque fois. Si le vôtre refuse de lâcher le sien, n'insistez pas et gardez votre calme. Si vous perdez patience, il perdra patience, lui aussi, et se montrera encore plus têtu.

Enseignez-lui quelques tours

Voici quelques idées amusantes de tours à apprendre à votre chien lorsque vous êtes chez vous, dès que vous avez un peu de temps libre, et même en regardant la télévision ou en parlant au téléphone.

Donne la patte !

Voilà un tour assez simple à enseigner. Les chiens lèvent naturellement la patte dans un geste d'apaisement, mais aussi pour signifier leur envie de jouer.

• Asseyez-vous en face de votre chien en tenant une friandise à la main.

• Tenez votre poing fermé devant sa poitrine et laissez-le flairer.

• Il va finir par lever la patte pour tenter d'atteindre la friandise.

• Cliquez et récompensez-le **immédiatement** en lui donnant la friandise.

• Poursuivez l'exercice jusqu'à ce qu'il lève la patte rapidement à chaque fois.

• Puis dites **« Donne la patte »** pendant que vous lui faites faire le tour.

Et si on dansait maintenant !

Si votre chien peut se tenir debout sur ses pattes arrière, apprenez-lui à danser.

• Captez son attention en tenant une friandise – cube de fromage, biscuit... – ou un jouet au-dessus de sa tête de façon qu'il se grandisse pour l'atteindre. **« Cliquez-récompensez » immédiatement.**

• Augmentez progressivement la durée de la station debout avant de cliquer et de lui donner sa récompense. Les chiens piétinent toujours un peu avant de trouver leur équilibre.

• Pendant qu'il est debout, dites-lui **« Danse »** et félicitez-le. Plus vous serez enthousiaste, plus il prendra plaisir au jeu.

• Ajoutez une variante – une pirouette par exemple – en le faisant tourner alors qu'il est en position de « danse ». Un peu d'entraînement et vous pourrez lui demander de danser avec vous sur votre musique préférée !

EXERCICE

Ce tour apprend à votre chien à lever sa patte pour toucher votre main. Avec de la pratique, vous pouvez transformer le mouvement afin de simuler l'ondulation d'une vague.

1

2

3

(1) Pour apprendre à votre chien le tour « Donne la patte », montrez-lui une friandise que vous enfermez dans votre poing.

(2) Lorsqu'il lève la patte pour toucher votre main, « cliquez-récompensez » immédiatement.

(3) Donnez-lui la friandise puis recommencez plusieurs fois pour consolider l'apprentissage en ajoutant la phrase incitative « Donne la patte ».

Fais la révérence !

Il est assez facile d'apprendre la révérence à un chien, car c'est une position naturelle de jeu. Pour l'inciter, utilisez une friandise ou bien une baguette-cible.

• Encouragez votre chien à se mettre debout face à vous. Tenez une friandise devant son museau ou bien utilisez une baguette-cible pour initier ses mouvements.

• Déplacez lentement le leurre vers le sol afin que votre animal se penche pour le suivre et exécute une belle révérence.

• « Cliquez-récompensez » immédiatement ou félicitez-le puis donnez-lui une récompense. Si vous retardez votre réponse, il se mettra probablement en position Couché.

(1) Avec une baguette-cible vous pouvez apprendre à votre chien à faire la révérence de votre fauteuil.

(2) Abaissez lentement la baguette-cible jusqu'au sol. Votre chien doit la suivre du museau et terminer en faisant une gracieuse révérence.

1

Encouragez votre chien à flairer la baguette-cible lorsqu'il est debout face à vous.

2

« Cliquez-récompensez » immédiatement la révérence avant qu'il ne se mette en position Couché.

EXERCICE

Complimentez-le d'un « Bon chien » après lui avoir donné la friandise.

1

Un léger geste de la main qui tient la friandise suffit pour déclencher une pirouette.

2

Comme il tend le cou pour suivre la friandise, il va naturellement continuer à tourner.

3

Dans cet exercice de danse, vous voulez qu'il se mette en position debout, par conséquent « cliquez-récompensez » dès qu'il se tient sur ses pattes arrière.

Alors qu'il prend de l'assurance en position debout, vous pouvez l'inciter à tourner sur lui-même.

Enfin, si votre chien est agile, vous devez pouvoir l'inciter à faire une pirouette complète pendant qu'il est debout sur ses pattes arrière. « Cliquez-récompensez » à chaque fois qu'il réussit l'exercice.

Roulade

Exercice qui convient aux chiens de tous les âges, la roulade peut être une suite logique de la position **« Couché »**. Les très grandes races auront peut-être de la difficulté à se retourner ; à vous d'évaluer les capacités physiques de votre chien.

• Commencez lorsque votre chien est couché face à vous. Faites-lui flairer la friandise et déplacez lentement votre main vers son épaule afin qu'il tourne la tête pour la suivre. Si vous allez suffisamment lentement, le poids de son corps se déplacera naturellement vers l'épaule. Offrez-lui la friandise à ce moment-là.

• Répétez cette partie du mouvement jusqu'à ce votre chien l'exécute aisément. Ensuite, continuez à l'attirer jusqu'à ce qu'il se retrouve sur le dos. « Cliquez-récompensez » **immédiatement** puis félicitez-le.

• Certains chiens terminent alors leur roulade sans incitation alors que d'autres ont besoin d'être stimulés pour poursuivre. Divisez le mouvement en autant de parties que nécessaire.

Slalom

Au début, l'exercice qui consiste à faire passer le chien entre vos jambes en décrivant un huit vous semblera à tous deux un tantinet complexe, mais vous vous amuserez certainement beaucoup. C'est vous qui allez guider l'animal en déplaçant vos mains.

• Tenez-vous debout les jambes écartées. Tenez une friandise dans chaque main. Faites tourner votre chien autour de vos jambes d'avant en arrière en l'attirant avec une friandise cachée dans votre main droite.

Tandis que le chien suit votre main en passant entre vos jambes, leurrez-le pour qu'il tourne autour de votre jambe droite et se retrouve devant vous. Offrez la friandise puis poursuivez le slalom en tendant votre main gauche derrière votre jambe gauche pour le faire repasser entre vos jambes, tourner autour de votre jambe gauche et revenir devant vous pour terminer le huit. **Cliquez et récompensez-le immédiatement.**

EXERCICE

Son museau doit suivre la friandise et son corps commencer à rouler sur le côté.

Votre main doit être précise dans ses mouvements – prenez votre temps.

(1) Commencez l'apprentissage de la roulade, en demandant à votre chien de se mettre en position « Couché ». Faites-lui flairer la friandise puis ramenez-la en arrière près de son épaule.

(3) « Cliquez-récompensez » au début lorsque le chien roule sur le dos, puis continuez votre geste de la main pour qu'il termine sa roulade. « Cliquez-récompensez » une fois la roulade terminée.

Marquez la fin de la roulade par un « clic-récompense ».

(2) Déplacez la friandise autour de la tête de votre chien ; ce dernier devra se mettre sur le dos pour ne pas la perdre de vue.

1

• Vous pouvez accompagner votre mouvement de main de la commande **« Passe »** ou **« Slalome »,** une fois que votre chien est à l'aise pour se déplacer entre vos jambes. Pensez à féliciter votre chien pour qu'il trouve le jeu amusant. Avec de la pratique, vous pourrez faire un signe et dire à votre chien **« Slalome »** sans proposer de friandise.

• Corsez l'exercice en introduisant une baguette (vous n'aurez plus qu'une main pour indiquer à votre chien le chemin à suivre) ou une seconde personne. Demandez-lui de s'installer à côté de vous, les jambes écartées. Cette variante nécessite de travailler en équipe et de cliquer-récompenser à chaque fois au bon moment. Si vous demandez à votre chien de faire l'exercice plusieurs fois de suite, récompensez-le à chaque fois pour qu'il ne s'en lasse pas.

(1) Pour enseigner le slalom à votre chien, prenez une friandise dans chaque main. Vous pourrez ainsi dessiner un huit d'un mouvement fluide de la main en passant de l'intérieur vers l'extérieur, et inversement.

(2) Une fois le huit terminé sans encombres, « cliquez-récompensez » immédiatement et inversement.

(3) Lorsque votre chien maîtrise le slalom simple, vous pouvez introduire une seconde personne.

2

3

Depuis son fauteuil

Il n'y a aucune raison pour que les activités ludiques cessent lorsque vous avez envie de vous reposer. Dans les deux jeux décrits ci-après, le fauteuil est omniprésent, il sert à la fois d'accessoire et de lieu de détente.

Saute !

Si votre chien est adulte et en bonne condition physique, vous pouvez rester assis dans votre fauteuil pour lui apprendre à sauter. L'exercice est plus facile avec des chiens de taille petite ou moyenne qui n'ont pas besoin de beaucoup d'espace pour bouger.

• Familiarisez votre chien avec le jeu en commençant par le leurrer pour le faire sauter par-dessus votre jambe simplement étirée.

• Une fois qu'il a compris l'action et pris de l'assurance, encouragez-le pour qu'il soit plus rapide et saute plus haut. **Cliquez-récompensez** et félicitez votre chien dès qu'il réussit à sauter sans effort par-dessus votre jambe posée au sol.

• Augmentez la difficulté en surélevant votre jambe, posez-la sur un tabouret ou une corbeille à papiers renversée.

• Si vous êtes fatigué de rester la jambe tendue, utilisez une canne ou un bâton, vous éviterez ainsi tout risque de bosse ou de bleu si le chien fait plusieurs essais ratés. Comme pour tous les exercices de saut, assurez-vous que les aires de départ et d'arrivée sont bien dégagées et non glissantes.

Une canne installée près du sol est idéale pour entraîner un petit chien à sauter.

EXERCICE

(1) Pour éduquer votre chien à sauter, commencez par le leurrer pour qu'il passe par-dessus votre jambe tendue au sol. Accélérez le mouvement pour qu'il fasse un petit saut puis surélevez progressivement votre jambe.

(2) Ne soyez pas trop exigeant au début, contentez-vous d'un petit saut.

À mesure qu'il prend de l'assurance, augmentez la hauteur de l'obstacle.

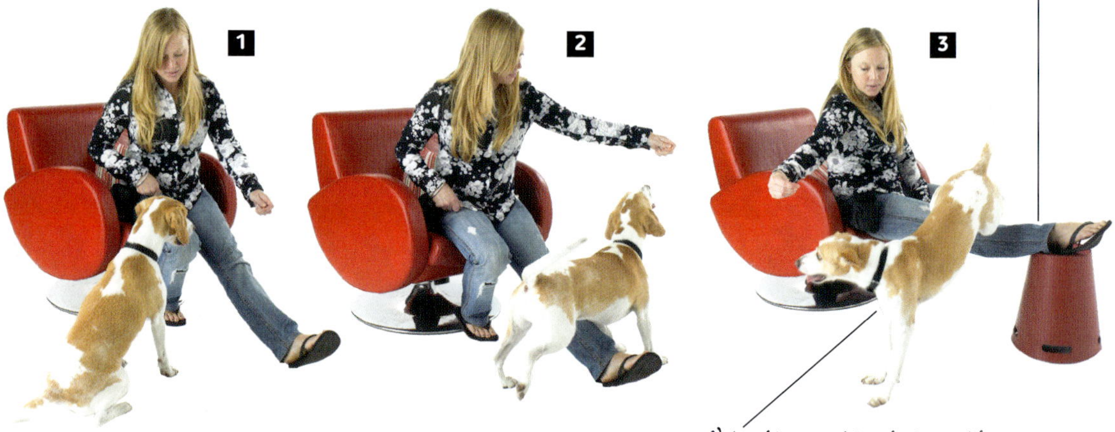

Votre chien appréciera les jeux actifs, même si vous restez assis dans votre fauteuil.

Allez, trouve !

Variante du jeu de cache-cache, cette activité ludique invite votre chien à utiliser son flair pour se distraire et se stimuler. Certes les chiens de chasse excelleront particulièrement à ce genre de jeu, mais toutes les races s'y adonneront avec plaisir.

• Demandez à un ami ou un membre de la famille de tenir votre chien par son collier ou sa laisse pendant que vous lui montrez sa friandise préférée (ou son jouet), puis cachez celle-ci sous un coussin par exemple (si vous êtes seul, mettez-le derrière une barrière de sécurité ou attachez sa laisse).

• Relâchez votre chien qui va se précipiter vers le fauteuil et probablement soulever le coussin avec son museau ou sa patte pour découvrir la friandise.

• Dites-lui **« Trouve »** au moment où il trouve la friandise, puis « cliquez-récompensez » **immédiatement**, félicitez-le verbalement et offrez-lui la friandise. Pour les chiens qui ont appris à obéir à la commande **« Reste ici »**, utilisez celle-ci pour qu'il ne bouge pas pendant que vous cachez le leurre, si personne ne peut vous aider.

• Continuez l'entraînement en cachant des friandises à différents endroits. Dès que votre chien trouve aisément les friandises, augmentez la difficulté en choisissant des cachettes moins évidentes à trouver.

EXERCICE

Ce jeu va inciter votre chien à trouver une friandise ou un jouet caché.

(1) Un ami peut tenir le chien pour l'empêcher de se précipiter vers vous lorsque vous cachez la friandise.

1

2

(2) Une fois que vous avez caché la friandise, relâchez le chien qui va se diriger sur-le-champ vers la cachette.

3

(3) Lorsqu'il sort la friandise avec son museau, cliquez immédiatement et dites « Allez, trouve » puis récompensez-le en lui offrant la friandise. Une fois qu'il a bien compris le jeu, augmentez la difficulté en cachant la friandise dans un endroit moins évident.

Les BONNES HABITUDES à enseigner au quotidien

C'est à moi, pas à toi !

Beaucoup de maîtres me demandent fréquemment comment empêcher leur chien de prendre les jouets des enfants. Cette méprise est courante et difficile à éviter, car il existe de nombreuses similitudes entre les jouets pour animaux et certains jouets pour enfants.

Lorsqu'un enfant voit son nounours dans la gueule du chien, il s'excite, essaie de le récupérer ou se met à pleurer. Le chien se fait gronder et parfois frapper. Sachez toutefois que montrer le poing à votre chien équivaut à une menace ; cette réaction suscitera la peur chez l'animal et sera totalement contre-productive en matière de dressage.

Quelles conclusions votre chien va-t-il tirer de cette expérience ? Il voulait jouer, il a trouvé quelque chose d'amusant et, au bout d'un moment, vous avez brusquement réagi de manière choquante. Il ne va probablement pas associer cette réaction avec le jouet qu'il a trouvé quelques instants auparavant. Au début, la course-poursuite l'amuse et il continue à courir avec le jouet. Puis vous vous mettez en colère et il commence à s'inquiéter. Il essaie de vous éviter au lieu de vous rapporter le jouet. Il tente de vous apaiser en vous voyant s'approcher de lui. Rappelez-vous que ce n'est pas une manifestation de culpabilité. Il peut se mettre sur la défensive ; cela entraîne des problèmes comportementaux dits de « possession » que vous devez éviter.

Si vous remarquez que votre chien a ramassé quelque chose qui ne lui appartient pas, **restez calme.** Dites la commande « Va chercher » pour l'encourager à s'approcher et à **échanger** l'objet contre un autre. Invitez-le à s'amuser avec ses jouets. S'il paraît stressé, éloignez-vous pour lui laisser le temps et la place de se détendre. Au bout d'un moment, appelez-le ou proposez-lui un divertissement.

Ayez une attitude enthousiaste lorsque votre chien joue avec ses jouets et félicitez-le plutôt deux fois qu'une, sinon il s'en désintéressera et s'amusera avec autre chose pour attirer votre attention.

Si votre chien s'enfuit avec un objet qui vous appartient, ce n'est pas une bonne idée de courir derrière lui. Demandez-lui de vous le rapporter – « Va chercher » –, puis essayez de l'échanger contre un de ses jouets.

EXERCICE

(1) Pour lui apprendre à obéir à la commande « Lâche », montrez à votre chien que vous tenez une friandise sans la lui donner.

(2) Dites-lui calmement « Lâche », puis attendez qu'il s'en désintéresse et détourne la tête.

(3) Félicitez-le immédiatement, puis laissez-le prendre la friandise. Il obtient une récompense pour avoir ignoré la première friandise.

« Lâche »

Cette commande est très utile dans de nombreuses circonstances. Vous pouvez la renforcer lors de courtes séances d'entraînement disséminées au cours de la journée.

• Choisissez une friandise que votre chien apprécie particulièrement, mettez-la dans votre main et sous sa truffe pour qu'il la flaire. N'ouvrez pas votre main.

• Dites la commande **« Lâche »** d'une voix calme et posée, puis attendez jusqu'à ce qu'il détourne la tête.

• Félicitez-le immédiatement et donnez-lui une autre friandise ou un jouet de l'autre main pour renforcer son attitude – à savoir s'être désintéressé de l'objet sur lequel il avait initialement porté son attention.

• Entraînez-le à obéir à la commande **« Lâche »** jusqu'à ce qu'il réagisse positivement à chaque fois.

• Répétez la procédure avec d'autres objets. L'expérience aidant, votre chien aura la même réaction, peu importe ce que vous tenez dans la main.

• Maintenant, enseignez-lui cette commande en mettant l'objet sous votre pied.

• Lorsqu'il obéit, répétez en mettant un objet par terre ou sur une table basse. Pensez à le récompenser chaque fois qu'il montre son désintérêt. Retirez l'objet à la fin de l'exercice pour qu'il ne soit pas tenté de le prendre.

• Continuez l'entraînement jusqu'à ce qu'il réagisse rapidement et correctement, quel que soit l'objet sur lequel il fixe son attention.

Conseil malin Si vous vous abstenez de crier contre lui ou de le poursuivre, votre chien aura une réaction plus positive lorsque vous lui demanderez de laisser quelque chose.

(1) Lorsque vous obtenez la réaction souhaitée à la commande « Lâche », poursuivez l'entraînement en cachant une friandise sous votre pied.

1

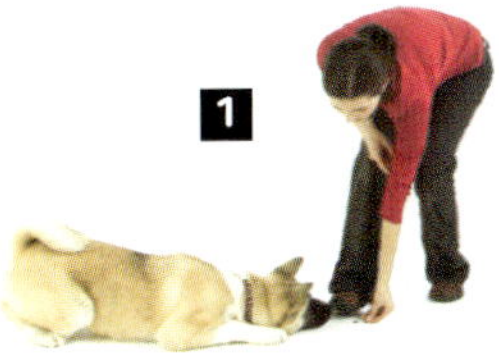

(2) Vous voulez faire réagir votre chien à la commande « Lâche » ; vous souhaitez qu'il détourne son attention de la friandise pour la reporter sur vous.

2

(3) Dès que cela se produit, soulevez immédiatement votre pied pour découvrir la friandise-récompense.

3

EXERCICE

(1) La prochaine étape consiste à éloigner de vous l'objet convoité pour le poser sur une table basse par exemple.

1

(2) Lorsque vous lui dites « Lâche », vous voulez qu'il transfère son attention du verre de friandises vers votre visage.

2

(3) Dissimulez une friandise dans votre main afin de le récompenser immédiatement.

3

Ne dérange pas les voisins

Beaucoup de chiens se mettent à aboyer lorsqu'ils sortent dans le jardin, une mauvaise habitude que vous devez absolument décourager. Au début, cet apprentissage nécessite une surveillance que vous relâcherez à mesure que votre chien progresse.

- Accrochez une longe près de la porte qui vous servira à attacher votre chien lorsque vous le faites sortir.
- Faites-le **asseoir** le temps d'ouvrir la porte. S'il saute pour se précipiter dehors, fermez vite la porte. S'il s'assied et attend patiemment, « cliquez-récompensez ».
- Promenez-le dans le jardin, puis invitez-le à faire ses besoins.
- S'il reste tranquille, félicitez-le et offrez-lui ponctuellement des friandises.
- Au fil de l'apprentissage, vous pourrez espacer les « clics-récompenses ».

Si votre chien se met à aboyer :

- Ne criez pas ! Restez calme, il sera plus réceptif.
- Essayez d'interrompre ses aboiements en frappant dans vos mains ou en lui disant **« Arrête maintenant »** ou **« Ça suffit ».**
- S'il continue à aboyer, tirez doucement sur la longe pour le faire rentrer. Il comprendra qu'on le fait rentrer parce qu'il a aboyé et qu'il restera plus longtemps dehors s'il se tient tranquille. Pour obtenir des résultats plus rapides, évitez de courir derrière lui ou de l'exciter.

Si votre chien se met à aboyer bruyamment quand il sort de la maison, essayez de le décourager en frappant dans vos mains et en lui disant « Arrête maintenant ».

Être à l'aise avec l'aspirateur

Beaucoup de chiens courent après l'aspirateur ou s'attaquent à lui. Ce jeu, qui peut paraître amusant au départ, risque de devenir problématique.

Avant de passer l'aspirateur, prenez quelques minutes pour entraîner votre chien à rester dans son panier ou à ignorer l'aspirateur :

- Ne l'encouragez jamais à courir après la brosse pendant que vous aspirez. Si vous le faites, il risque de ne pas s'arrêter lorsque vous déciderez que le jeu a assez duré.
- Placez l'aspirateur (à l'arrêt) dans une pièce et invitez votre chien à entrer.

Ignorez votre chien s'il s'approche de l'appareil pour le renifler.

- Demandez-lui de s'asseoir à distance de l'aspirateur. « Cliquez-récompensez » et félicitez-le verbalement.
- Déplacez l'aspirateur de quelques centimètres.

Si votre chien reste à sa place, « cliquez-récompensez » **immédiatement** et lancez-lui une friandise. Répétez la procédure plusieurs fois en augmentant progressivement le déplacement de l'aspirateur. Com-

Demandez à votre chien de s'asseoir avant de le laisser sortir dans le jardin. Ce moment de pause contribuera à calmer son excitation.

plimentez toujours votre chien lorsqu'il choisit de rester assis au lieu de se lever pour sauter sur l'appareil.

• Au bout de quelques minutes, mettez un terme à l'exercice et faites sortir l'animal de la pièce.

• La prochaine étape consiste à mettre l'aspirateur en marche. Faites-le à distance de votre chien. « Cliquez-récompensez » s'il reste assis.

• Commencez à passer l'aspirateur sans trop vous approcher de lui. Ne l'acculez pas dans un coin de la pièce.

• Si votre chien est hypersensible au bruit ou s'il ne peut pas s'empêcher de courir après la brosse, enfermez-le dans une autre pièce ou dans le jardin quand vous faites le ménage.

Le long flexible et le manche excitent l'instinct prédateur de ce terrier.

Ce qui débute comme un jeu finit rapidement par devenir pénible.

EXERCICE

1

Votre objectif est de rapprocher peu à peu l'appareil de l'animal, puis de le mettre en marche lorsqu'il est assis dans son panier.

(1) Commencez à habituer votre chien en le faisant asseoir dans la pièce où se trouve l'aspirateur.

« Cliquez-récompensez » immédiatement et donnez-lui une friandise pour le féliciter de s'être bien comporté.

2

(2) Tout en rapprochant l'aspirateur du chien, continuez à « cliquer-récompenser » et à lui donner des friandises s'il reste assis dans sa panière.

3

(3) Petit à petit, le chien doit s'habituer au son de l'appareil, et finalement à le voir bouger en sa présence.

Voilà DE LA VISITE !

L'accueil des visiteurs

De toute évidence, la majorité des chiens adorent voir du monde. Pour parfaire le comportement de votre chien face à des visiteurs connus ou non, entraînez-le à chaque fois que quelqu'un sonne à votre porte. Même s'il est réellement content de voir cette personne, il peut se comporter de manière curieuse ou inquiétante.

Si votre chien s'est déjà montré agressif envers les gens, pensez à l'enfermer dans une autre pièce avant d'ouvrir la porte afin d'éviter d'éventuels problèmes. S'il est amical mais néanmoins trop exubérant, éduquez-le à réagir plus posément.

• Commencez l'exercice sans personne de l'autre côté de la porte.

• Choisissez un endroit où vous aimeriez que se trouve votre chien lorsque vos visiteurs entreront.

• Dites-lui de **s'asseoir** à cet endroit et **de ne pas bouger.** Répétez l'exercice plusieurs fois puis « cliquez-récompensez » s'il répond correctement.

• Petit à petit, approchez-vous de la porte, tout en « cliquant-récompensant » votre chien pour être resté tranquillement en place. Poursuivez jusqu'à ce que vous puissiez approcher de la porte ouverte sans que votre chien se lève.

Toute rencontre avec un enfant doit être supervisée par un adulte.

• Maintenant, demandez à un membre de la famille ou un ami de sonner à la porte pendant l'exercice. En entendant la sonnette, procédez comme vous l'avez fait précédemment sans oublier de « cliquer-récompenser ». La sonnerie risque d'affoler le chien et il se passera peut-être du temps avant que vous ne puissiez ouvrir la porte.

• Si votre chien saute, fermez la porte et attendez patiemment jusqu'à ce qu'il vous prête de nouveau attention. Ensuite, encouragez-le à rester en place et « cliquez-récompensez » immédiatement. Il finira par comprendre que c'est le bon comportement à avoir, lorsqu'il entend sonner à la porte.

• Apprenez-lui à rester en place pendant que vous ouvrez la porte avec quelqu'un de l'autre côté. S'il se lève, fermez immédiatement la porte et recommencez.

• Si besoin, attachez une longe à son collier pour l'empêcher de se sauver au moment où vous ouvrez la porte.

• S'il ne peut résister à la tentation de se lever quand la personne entre dans la maison, continuez à le regarder dans les yeux pour qu'il s'intéresse à vous plutôt qu'au visiteur. Essayez d'anticiper ses tentatives de s'approcher de ce dernier, en vous mettant face à lui pour capter de nouveau son attention.

• Moyennant un entraînement régulier, votre chien se conduira poliment quand une personne viendra chez vous.

Pas de harcèlement Les chiens amicaux importunent souvent les personnes qui n'apprécient pas toujours leur présence. Si votre chien aime sauter sur vos hôtes, attachez-le. « Cliquez-récompensez » lorsqu'il ne saute pas et continuez à le faire asseoir pour accueillir vos visiteurs.

Conseil malin Offrez un jouet à mâchouiller à votre chien quand quelqu'un vient vous voir. Il associera ce cadeau à une visite et ne sera donc pas tenté de vous décevoir en sautant ou en léchant votre hôte.

Avec les enfants

Assurez-vous que les enfants ne sont assis ni sur une chaise ni par terre avant de laisser votre chien les approcher. Les petits doivent être sur les genoux ou à côté d'un adulte. Entraînez votre chien à obéir à la commande **« Assis »** lorsqu'ils le caressent ou lui donnent des friandises. S'il a tendance à vouloir leur arracher des mains, supprimez les douceurs. Surveillez votre animal de près et faites-le revenir vers vous, si vous percevez un quelconque signe de stress.

Si vos hôtes restent plusieurs jours, ménagez-vous un peu de temps pour vous occuper de votre chien et réservez-lui un espace calme, à l'écart du monde, où il pourra se réfugier lorsqu'il aura envie de tranquillité.

EXERCICE

Au début, ouvrez la porte quand il n'y a personne. Si tout se passe bien, demandez à un ami de jouer le rôle du visiteur.

(1) Si votre chien devient particulièrement nerveux en présence de visiteurs et leur saute dessus de manière agressive, vous devez l'éduquer à rester tranquillement assis lorsqu'il entend sonner à la porte.

(2) Plusieurs tentatives seront peut-être nécessaires avant que votre chien n'accepte de rester sagement « Assis » pendant que vous ouvrez la porte d'entrée pour accueillir un visiteur. N'hésitez pas à cliquer et lui offrir une friandise pour le récompenser.

(3) Veillez à donner la friandise à l'instant où vous cliquez pour approuver son comportement. Ainsi, votre chien comprendra que le maintien de la position « Assis » signifie l'attribution d'une récompense.

À l'heure DES REPAS

Rester tranquille devant sa gamelle

Les chiens qui font preuve d'agressivité à proximité de leur gamelle (à droite) – un comportement qu'il nous est trop couramment donné d'observer – sont probablement stressés depuis quelque temps déjà. Si vous prêtez attention au langage corporel de votre chien et si vous en possédez quelques rudiments, vous empêcherez aisément cette situation de se produire.

Ce comportement agressif montre que l'animal craint de voir sa nourriture lui être retirée et, par conséquent, qu'il estime devoir la protéger. À ce stade-là, ne le cataloguez pas comme étant « dominant » car il est plutôt angoissé. Il faut donc lui apprendre que les personnes qui passent dans la pièce ne lui veulent aucun mal. Voici quelques signes annonciateurs d'une démonstration d'agressivité : le chien se tient immobile au-dessus de sa gamelle, il arrête de remuer la queue, se lèche les babines ou approche son museau de la gamelle sans toucher à son contenu. Si vous êtes dans les parages lorsque cela se produit, intervenez immédiatement.

Votre objectif est d'apprendre à votre chien à se détendre quand vous êtes près de lui. Soyons clairs, cela n'empêche pas qu'il faut toujours demander aux enfants de s'éloigner d'un chien occupé à manger. Si cette règle n'était pas déjà appliquée, inscrivez-la sans tarder sur votre check-list.

Tout d'abord, ne pensez surtout pas que vous allez améliorer la situation et montrer à votre chien qui commande en lui retirant la gamelle ; au contraire, il sera doublement inquiet. Chaque membre d'une meute a besoin de manger et, par conséquent, se doit de protéger sa nourriture.

Remplissez un récipient de diverses friandises et posez-le sur le plan de travail de la cuisine ou de la pièce où votre chien a l'habitude de manger. Chaque fois que vous entrez, prenez **immédiatement** une friandise et jetez-la dans/à côté de sa gamelle puis continuez ce que vous avez à faire. N'approchez pas trop près et n'essayez pas d'intervenir ; vous devez agir très posément, comme si de rien n'était. Si vous avez l'intention de rester dans la pièce, mettez quelques friandises dans votre poche afin de lui en offrir une de temps à autre jusqu'à ce que vous sortiez.

EXERCICE

(1) Pour aider votre chien à se détendre, prenez d'un air détaché en tenant quelques friandises dans votre main lorsque vous entrez dans la cuisine.

(2) Jetez les friandises dans ou près de la gamelle et poursuivez votre activité. Ne cherchez pas à capter son regard, agissez comme si de rien n'était.

Au bout d'un moment, votre chien comprendra que votre présence signifie l'arrivée de bonnes choses dans sa gamelle et qu'il vaut mieux ne pas être désagréable.

Peu à peu, vous pourrez vous approcher de la gamelle avant d'y jeter une friandise et, finalement, vous pourrez vous approcher de lui pendant qu'il mange. S'il est détendu, son langage corporel montre son contentement ; il bat joyeusement de la queue et ne laisse paraître aucun signe de stress ou d'énervement.

Conseil malin Si votre chien se montre agressif depuis longtemps au moment des repas, consultez un spécialiste du comportement canin qui saura adapter cet apprentissage délicat à votre cas, peut-être en l'étalant sur une plus longue période.

- Sinon, apprenez à votre chien à se coucher dans son panier pendant que vous prenez vos repas. Au préalable, entraînez-le à obéir à cette commande pour qu'il s'exécute le moment venu.
- Apprenez-lui à rejoindre son panier dès que vous vous mettez à table. Levez-vous et approchez-vous de lui (au lieu de lui lancer une friandise en restant à table) pour cliquer et le récompenser de s'être comporté correctement.
- Pour l'entraîner, commencez par vous mettre à table et manger de petits en-cas, puis prenez un repas complet. Continuez à le féliciter pour qu'il reste couché pendant toute la durée du repas.
- Donnez-lui un jouet pour l'occuper (un jouet gourmand garni de croquettes ou de friandises l'aidera à passer ce moment délicat).

On ne quémande pas !

Peu de personnes apprécient de voir un chien assis, le regard suppliant, mendier de la nourriture lorsqu'elles sont à table, et pourtant le problème est très courant. La meilleure solution consiste à ne jamais donner à manger à un chien au cours des repas, même de toutes petites bouchées, et il n'aura jamais l'idée de quémander. Soyez ferme et prévenez vos convives.

Si vous cédez, ne serait-ce qu'une fois, votre chien essaiera toujours de voir ce qu'il peut grappiller. Selon les circonstances, différentes options s'offrent à vous pour l'éduquer à ne pas quémander. Tout d'abord, vous pouvez l'enfermer dans une autre pièce pendant que vous mangez. C'est une bonne idée si vous avez de jeunes enfants qui ont du mal à comprendre qu'il ne faut rien lui donner. C'est aussi une méthode rapide pour les dissuader de mendier de la nourriture.

Ne tolérez pas que votre chien quémande de la nourriture. Apprenez-lui à rester dans son panier, peut-être avec un jouet gourmand, pendant que vous êtes à table ou prenez un en-cas.

(3) Quand votre chien semble ne plus faire cas de votre présence à proximité de sa gamelle, approchez-vous puis déposez le reste des friandises.

(4) En habituant progressivement votre chien à votre présence près de sa gamelle et au fait que vous lui apportez des cadeaux, ses craintes finiront par s'évanouir ; vous ne représenterez plus une menace pour sa nourriture.

En fin DE JOURNÉE

En fin de journée

Vous voilà enfin assis, prêt à savourer quelques instants de tranquillité bien mérités. Que fait votre chien pendant ce temps-là ? Savez-vous que vous pouvez profiter de cette période de calme pour approfondir son éducation ? Beaucoup de maîtres interdisent à leur chien l'accès au salon sous prétexte qu'il ne reste pas tranquille ou fait des bêtises. En effet, il peut être particulièrement excité à cette heure de la journée et enclin à désobéir. C'est pourquoi il est intéressant de poursuivre son dressage pendant que vous êtes en train de vous relaxer dans votre fauteuil.

« Descends du fauteuil »

Plus rapide, votre chien s'est installé dans votre fauteuil avant vous. Si vous pensez que ce n'est pas sa place, proposez-lui immédiatement une distraction, en frappant dans vos mains par exemple, pour l'inciter à descendre – ne criez pas, il pourrait se mettre sur la défensive. Lorsqu'il s'exécute, dites-lui **« Descends »** et félicitez-le. Si vous évitez la confrontation, il n'aura pas besoin de vous résister.

« Reste tranquille »

Pensez-vous que votre chien va rester tranquillement couché pendant que vous regardez un film ? Certainement, si vous lui apprenez à se comporter ainsi. Placez son panier ou une couverture près de vos pieds. Faites-le venir dans le salon, la laisse accrochée à son collier et asseyez-vous. Demandez-lui de se coucher dans son panier. Dès qu'il s'exécute, préparez-vous à « cliquer-récompenser » **immédiatement** et/ou à le féliciter. Donnez-lui un jouet à mâchouiller pour l'occuper puis, une fois qu'il est calme, introduisez la commande **« Reste tranquille** » et félicitez-le.

Si vous utilisez un clicker, cliquez fréquemment et jetez une friandise dans son panier afin qu'il n'ait pas besoin de se lever.

Pour réussir cet apprentissage, répétez cet exercice tous les soirs. Allongez progressivement la période pendant laquelle il doit rester calme. À la fin de chaque séance, signifiez-lui qu'elle est terminée, en lui disant **« Lève-toi »** ou **« Vas-y »** puis encouragez-le à rejoindre l'endroit où il a l'habitude de passer la nuit. Si vous pouvez, essayez de faire l'exercice deux fois dans la même soirée. Si votre chien est resté longtemps seul dans la journée, il est recommandé de lui consacrer un

Encouragez-le à descendre au lieu de le réprimander en criant.

Le siège est libre, le chien a obéi.

(1) Si vous ne voulez pas que votre chien monte sur les fauteuils et les canapés, pensez à lui demander de descendre à chaque fois que la situation se présente.

(2) Dites-lui « Descends » dès qu'il saute du siège, puis félicitez-le et donnez-lui une friandise pour le récompenser.

(1) Vous pouvez très bien procéder à une séance de dressage à la fin de la journée, pendant un moment de détente ; cet exercice est destiné à apprendre au chien à se tenir tranquille dans son panier.

(2) Une fois qu'il est tranquillement allongé, dites « Reste tranquille » puis cliquez et donnez-lui une friandise.

(3) À la fin de la séance, dites-lui « Lève-toi » ou « Vas-y », donnez-lui une friandise puis envoyez-le se coucher.

peu plus de temps le soir. Si vous l'emmenez faire une longue promenade avant cet exercice, il s'exécutera beaucoup plus vite.

Au bout de quelques semaines, votre chien devrait être capable de passer de plus en plus de temps avec vous sans vous importuner.

Le panier

Placez le panier de votre chien dans un endroit calme à l'écart des allées et venues des occupants de la maison. Il doit s'y sentir en sécurité et pouvoir s'y détendre sans être inquiété. Dans l'idéal, ce lieu doit être à l'abri des courants d'air et relativement sombre. Certains chiens aiment avoir une couverture pour se blottir dessous. N'autorisez pas les enfants à venir avec le chien dans son panier ni à y séjourner quand il n'est pas là. S'il veut se reposer, il risque de devenir irritable. Une barrière de sécurité est très utile pour interdire aux enfants l'accès du lieu réservé au chien. Celui-ci doit pouvoir s'endormir en sachant qu'il ne va pas être réveillé.

L'heure du coucher

Beaucoup de chiens sont fatigués le soir venu et risquent de devenir agressifs s'ils sont dérangés. Pour parer à cette éventualité, envoyez votre chien se coucher à une heure raisonnable, avant qu'il n'ait sommeil et ne devienne irritable. Une fois qu'il est couché, n'allez pas lui dire « bonne nuit » ou le déranger sans raison. Si vous avez besoin de lui, essayez de l'appeler puis touchez-le afin qu'il ne se réveille pas en sursaut.

La journée est finie

Avant d'aller vous coucher, vous allez probablement passer en revue les opportunités de dressage basé sur le principe du renforcement positif dont vous avez profité pendant toute la journée pour façonner l'éducation de votre chien. Vous réfléchirez aussi aux différentes manières d'améliorer cet apprentissage et de combler certaines lacunes. Jour après jour, vous allez vous rapprocher de votre objectif. Remplissez vos pochettes et des bocaux à friandises et placez-les ainsi que les jouets à des endroits stratégiques pour les avoir sous la main si nécessaire. Mettez votre réveil si votre chien n'est pas encore éduqué à la propreté et doit sortir tôt le matin faire ses besoins. Sachez que vous efforts de dressage porteront leurs fruits si vous êtes toujours prêt à encourager votre chien et à le récompenser/féliciter dès qu'il adopte le comportement souhaité.

INDEX

A

Aboiement, 18, 52, 56, 64, 70, 71, 72.
  dans le jardin, 86.
  en voiture, 62, 63.
Accueil visiteur, 88, 89.
Agressivité, 17, 19, 23, 65.
  à proximité de la nourriture, 90, 91.
  défensive, 24.
  envers les gens, 88.
Angoisse, 9, 39, 73, 90.
Anthropomorphisme, 14.
Appel au jeu, 19.
Aspirateur
  Habituer un chien à l'–, 86, 87.
Attention
  Manque d'–, 41.

B

Baguette-cible, 29, 79.
Bâillement(s), 14, 17, 21.
Barrière de sécurité, 53, 55, 93.

C

Cage intérieure, 70.
Caisse de transport, 38, 62, 63, 73.
Chiot, 8, 35, 53, 73.
  Éducation à la propreté du –, 50, 51.
  en voiture, 64.
  Socialisation du –, 36, 37, 38, 39.
Claquement de langue, 14, 17.
Cohérence dans le dressage, 10, 11, 34, 46.
Collier, 23, 32.
  Mettre un –, 56.
Commande
  « Assis », 8, 10, 11, 40, 41, 44, 48, 52, 56, 57, 58, 61, 62, 65, 68, 86, 87, 88, 89.
  « Attends », 53.
  « Couché », 42, 43, 79.
  « Danse », 78, 79.
  « Debout », 44, 45, 69, 79.
  « Descends de la chaise », 92.
  « Donne la patte », 78.
  « Fais la révérence », 79.
  « Lâche », 84, 85, 86.
  « OK », « C'est bon » « Lève-toi », 48, 52, 53, 65.
  « Reste ici », 48, 49, 83, 88.
  « Reste tranquille », 43, 92, 93.
  « Roulade », 80, 81.
  « Saute », 82.
  « Slalome », 80, 81.
  « Trouve », 83.
  « Va chercher », 13, 75, 76, 77, 84.
  « Viens ici », 46, 47, 66, 67.
Contact oculaire, 20.
Cours de dressage, 9, 12, 13, 37.
Croquettes comme récompense, 25, 26, 27.

D

Dents
  Montrer les –, 16, 17.
Désensibilisation, 39.
Donner la patte, 78.
Dressage
  au clicker, 11, 26, 27, 28, 29, 40, 41, 42, 43, 44, 45, 54, 55, 57, 58, 59, 64, 69, 78, 79, 80, 81, 82, 83, 86, 87, 88, 89, 92, 93.
  au sifflet, 66, 67.
  Cohérence dans le –, 10, 11, 34, 46.
Dresser
  plusieurs chiens, 57.
  les petits chiens, 40, 45, 82.

E-F

Éducation à la propreté, 51, 93.
Enfant, 20, 21, 28, 34, 37, 40, 67, 76, 88, 89, 90, 91, 93.
Ennui, 71, 73.
Étreinte, 9, 20, 39.
Expression, 16, 17, 18.
Friandise(s), 22, 23, 24, 26, 27, 30, 31, 35, 39, 40, 41, 42, 43, 44, 45, 46, 47, 48, 51, 54, 55, 56, 67, 76, 78, 79, 82, 83, 85, 89, 90, 91.

G-H

Gestes d'apaisement, 14, 16, 18, 19.
Grondement, 21.
Harnais, 32, 33, 60, 61.
  de sécurité, 38, 62.
Heure du coucher, 93.

I-J

Inhibition à la morsure, 75.
Instinct prédateur, 46.
Jeu, 74, 75, 76, 77, 78, 79, 80, 81, 82, 83, 84.
  de résistance/lutte, 54, 75.
Jouet, 31, 52, 54, 55, 56, 62, 65, 70, 71, 72, 74, 75, 76, 77, 83, 84, 85, 93.
  Activité, 53, 71, 88, 91.
  garni de nourriture, 63, 71, 72, 91.
  sonore, 66, 67.

L

Laisse, 23, 32, 48, 92.
  Accrocher la –, 56, 57.
  à double extrémité, 60.

à la ceinture, 61.
tirer sur la –, 33, 59, 60.
Langage corporel, 15, 16, 17, 18, 19, 20, 21, 22, 23, 76, 90.
utilisé dans le dressage, 22, 23.
Langue, 17.
Claquement de –, 14, 17.
Léchage des babines, 21, 90.
Licol, 60, 61.
Longe de dressage, 11, 32, 47, 65, 86, 88.

M

Mâchouiller/mordiller, 33, 71, 72, 73.
Mal des transports, 38.
Manipulation, 39.
Marche au pied, 19, 58, 59, 62.
Meute, 24.
Montrer les dents, 16, 17.
Morsure, 75.

N

Nervosité, 22, 64.
Nettoyage des pattes, 68, 69.
Nourriture
Vol de –, 72.

P-Q

Panier, 92, 93.
Pantoufles, 54.
Patte(s)
Donner la –, 78.
Nettoyage des –, 68, 69.
Penchant destructeur, 72, 73.
Peur, 16, 17.
Poil hérissé, 19.
Position
des oreilles, 17.
de la queue 18, 19.
Positionnement, 18.
Possessivité/comportement possessif, 84.
Poussette
Marcher avec une –, 61.
Poursuite/courir après, 87.
l'aspirateur, 86.
le bétail, 45.
Problème de possessivité, 72, 73.
Promenade, 56, 57, 58, 59.
avec poussette, 61.
sans laisse, 46, 47, 64, 65.
Promeneur de chiens, 72, 73.
Propreté
Éducation à la –, 51, 93.
Quémander, 91.

R

Rampe d'accès, 63.
Récompense, 24, 25, 26, 27, 28, 29.
Jouet, 26.
Renforcement
primaire, 25.
secondaire, 27.
Route
Traverser une –, 61.

S

Sacoche à friandises/de dressage, 24, 27, 30, 46, 47, 56, 65, 66.
Saluer, 10, 11.
une personne, 68.
d'autres chiens, 23.
Sauter, 11, 22, 56, 73, 74, 88.
pour des friandises, 41.
Seul à la maison, 70, 71, 72, 73.
Signes de la main, 22, 35, 41, 42, 43, 44, 45, 53.
Socialisation, 36, 37, 38, 39.
Sortir de la voiture, 64.
Soumission 17.
Sourire, 21.
Spray répulsif, 33.

T

Thérapie aux phéromones, 73.
Toilette, 33.
Traverser une route, 61.

V

Vieux chien, 35, 39.
Visiteur, 37, 68, 88, 89.
Voiture, 38, 62, 63.
Aboiement en –, 62, 63.
Caisse de transport, 38, 62, 63, 73.
Chiot en –, 64.
Harnais de sécurité, 38, 62.
Rampe d'accès, 63.
Sortir de la –, 64.
Vol de nourriture, 72.

Remerciements de l'auteur

Merci à toutes les personnes qui se sont impliquées dans la production de ce livre à toutes les étapes de sa réalisation. Un grand merci à l'éducatrice canine Sue Ottmann pour son aide à la prise de vues et pour avoir réuni des maîtres et des chiens si sympathiques. Je souhaite remercier Ross, mon époux, pour avoir supporté encore une fois mes nuits blanches passées devant l'ordinateur à taper mes textes. Je remercie également Ruth Nicholls pour avoir pris le temps de relire mon livre et de me faire des remarques très utiles.

Je suis très reconnaissante à tous les maîtres pour avoir consacré du temps à ce projet et avoir prêté leurs chiens bien élevés pour les prises de vues : Serna-Lily Hancock et Maisy, Hayley Merrick et Dave, Katie Simpson et Brogan et Echo, Alison Smith et Oscar. Ce fut un plaisir de travailler avec eux.

Crédits photographiques

Toutes les photographies non créditées ci-dessous ont été prises par **Roddy Paine © Interpet Publishing Ltd.**
Positionnement sur la page : h = haut, g = gauche, m = milieu, b = bas

Jane Burton, Warren Photographic : 19 h, 22 d. **Dreamstime.com –** Nivi : 11 hg. **Fotolia.com –** biglama : 31 bd ; Callalloo Alexis : 70 hd ; Cynoclub : 18 hd, 36 hd ; EastWest imaging : 12 bg ; B. Helgason : 4 hg, 71 h ; Min Mc Cann : 69 h ; motivjaegerin1 : 6 ; www.glanzbilder.org : 5 bd, 59 h, 60 hd. **Interpet Archive :** 18 hg, 19 b, 27 b, 28, 30 bg, 30 mg, 32 h, 33 hg, 55 h, 60 bd, 62 bg, 62 bd. **iStockphoto.com –** J. Angeltun : 89 bg ; Anyka : 54 hg ; E. Bonzami : 13 hd ; C. Bottomley : 34 bd ; D. Brabdenburg : 12 hd ; J. Bryson : 21 g, 34 bg ; H. Caroline : 17 m ; A. Cerar : 31 hd ; A. Clark : 9 bg ; Andy Cook Instant timer artwork, craftvision : 72 hg ; H. Monika Cybulko : 21 bd ; D. Erikson : 26 hg ; Wijciech Gajda : 9 bd ; S. Gamez : 34 hg ; H. Gjerpen : 63 hd, 64 hg ; S. Goodwin : 14 bd ; J. Grantham : 25 hd, 26 mg, 39 hd ; K. Gunkel : 70 bd ; K. Gushcha : 93 b ; D. Hadley : 23 hd ; HannamariaH : 35 hd, 75 bd ; Happyborder : 14 hd ; G. Hardy : 17 hg ; M. Herreid : 70 bg ; G. Horler : 17 bd ; Waltraud Ingerl : 4 mg, 75 hd ; E. Isselée : 10 bg, 10 bd, 16 bd, 17 bg, 17 hd, 20 mg, 20 bg, 35 b, 36 bd, 38 hd, 42 h, 44 h, 48 h, 90 h (chien) ; Kamo : 65 hd ; A. Khomulo : 9 hg ; P. Kirillov : 6 bg ; N. Luznetsova : 15 bg ; lendry : 63 bd ; M. Levante : 18 mg ; T. Levstek : 18 bd ; L. Lister : 5 hd, 88 h ; W. Lister-Kaye : 10 hg ; P. Moore : 37 b, 74 bg ; B. Palmer : 16 hd ; J. Pecha : 25 bg ; Pederk : 16 md ; PhotoTalk : 47 hd ; PK-Photos : 15 bd ; Rambo 182 : 51 bg ; Redmal : 90 h (gamelle) ; Frans Rombout : 76 ; Ranplett : 24 bg ; N. Redmond : 20 d ; M. Slamel : 53 hd ; S. Slamel : 16 hg, 16 bg, 75 bg ; L. Schindler : 37 hd ; M. Skelton : 51 mb ; Spectral-Design : 86 bd ; M. Sonnenberg : 40 h ; A. Stiop : 8 bd, 35 hg ; L. Svara : 18 bg ; P. Timofajev : 38 hg, 38 bg ; V. Titov : 56 hd ; N. Tsvetkov : 14 bg ; Walik : 21 hd ; WilleeCole : 36 g ; M. Wisnievska : 5 md. **PetSTEP Inc :** 63 hg. **Shutterstock.com –** Éric Isselée : 51 hd.